Esriel Munk

Des Samaritaners Marqah Erzählung über den Tod Moses

Esriel Munk

Des Samaritaners Marqah Erzählung über den Tod Moses

ISBN/EAN: 9783743628380

Hergestellt in Europa, USA, Kanada, Australien, Japan

Cover: Foto ©Lupo / pixelio.de

Weitere Bücher finden Sie auf **www.hansebooks.com**

Seinen teuren Eltern

in kindlicher Liebe nnd Dankbarkeit

gewidmet vom

Verfasser.

Einleitung.

Die vorliegende Schrift bildet den vorletzten Teil des „Pentateuch - Kommentars von Marqah", welcher handschriftlich auf der Königlichen Bibliothek zu Berlin unter der Bezeichnung „Ms. or. quart. 522" aufbewahrt wird. Der Codex, welcher im Jahre 1868 im Auftrage Petermanns nach einem in Nablus befindlichen Originale daselbst angefertigt wurde, enthält vier Teile, von denen der letzte, betitelt „Abhandlung über die 22 Buchstaben, den Grundstock der hebräischen Sprache", im Jahre 1888 zum Teil von II. Baneth[1]) ediert worden ist. Unsere Handschrift, welche 46 Seiten des Codex (200b—223a) füllt, ist schön und deutlich geschrieben. Wie in allen samaritanischen Manuscripten ist auch in ihr nach jedem Wort ein Punkt gesetzt; es bilden mit seltenen Ausnahmen die letzten Buchstaben aller Reihen auf einer Seite eine gerade Linie. Als Zeichen sind in Gebrauch ⊥ für A, speciell für das gedehnte A, ≟ für i und e, ein wagerechter Strich über dem Buchstaben zur Bezeichnung dessen, dass ein Buchstabe verdoppelt oder verschärft werden soll, oder dass das betreffende Wort von einem ebenso geschriebenen, häufiger vorkommenden unterschieden werden soll, ⸗ als Zeichen der Abkürzung. : und ⫶ sowie ⸪ als Schlusszeichen, das erste nach kürzeren Perioden, die beiden letzten nach längeren Abschnitten, doch steht das erste Schlusszeichen zuweilen mitten in einem Satze, während es am Schlusse desselben vermisst wird. Ueberhaupt hat sich der Schreiber bei Benützung der Zeichen nicht immer an bestimmte Regeln

---

[1]) Des Samaritaners Marqah an die 22 Buchstaben etc. anknüpfende Abhandlung. Heft I Berlin 1888.

gebunden. Was sonst noch über das Aeussere des Manu-
scriptes, sowie über den im 4. Jahrhundert lebenden Verfasser der Schrift zu bemerken ist, hat bereits Baneth a. a.
O., pp. 7 ·17, gegeben.

Was den Inhalt unserer Schrift betrifft, so schildert
der Verfasser in derselben in Anlehnung an die diesbe-
züglichen Angaben des Pentateuchs, was Moses, der „grosse
Prophet", in den letzten Stunden vor seinem Tode voll-
führt hat. Demgemäss lautet die Ueberschrift: מימר על וימת
(¹'ר עבד משה שם, „Erzählung zum Verse:²) Es starb dort
Moses, der Diener Gottes". In Folgendem sei der Inhalt
kurz mitgeteilt: Durch den Befehl, welchen Gott Moses
erteilte, den Berg Nebo zu besteigen, um auf demselben
zu sterben, geraten alle Wesen in grossen Schrecken. Ver-
geblich richten sie die Bitte an den Schöpfer des Weltalls,
dass er den Tod von Moses fernhalten möge. Nachdem
dieser in einem Gebet zu Gott sein Volk beklagt hatte,
das jetzt führerlos zurückbleiben würde, lässt er durch
Josua die Priester zu sich rufen und ordnet später an, dass
das ganze Volk vor ihm erscheine. Als sich alle in seinem
Zelte versammelt haben, verkündet er noch einmal alle
Gesetze, prophezeit das einstige Ende der „Zeit der Gnade"
und den Abfall Israels von der heiligen Lehre, beschwört
das Volk, nicht seinen Ruhm und die göttlichen Gesetze
zu vergessen und erteilt den 12 Stämmen seinen Segen.
Jetzt folgen noch besondere Ermahnungen an Eleasar,
Ithamar, Pinchas, Josua, das Haus Levi, die Fürsten,
Richter, Gesetzeslehrer und seine Söhne, worauf er das
Zelt verlässt, um den Berg zu besteigen. Am Fusse des-
selben empfängt und erwidert er den Abschiedsgruss Josuas
und des Volkes und besteigt sodann den Nebo; auf dem
Gipfel angelangt, woselbst ihn alle Engelscharen erwarten,
überschaut er das gelobte Land, erblickt zu seiner Freude

---

¹) Mit ר ist in dieser Arbeit stets das Tetragrammaton bezeichnet.

²) V. M. 34, 5.

den Gerisimberg und bückt sich ihm gegenüber. Sodann
lässt Gott den Todesschlaf über den Propheten kommen
und bestattet ihn in einer Höhle, in die er vorher gestiegen
war. Indessen ist das Volk, dessen Blicken der Scheidende
durch eine ihn umhüllende Wolke plötzlich entrissen wurde,
in heftige Klagen ausgebrochen, während alle Mächte den
Ruhm des Gottesmannes verkünden, namentlich das Wasser,
der Himmel, die Erde, das Feuer und die Wolke, alle ihn
siebenfach rühmend. Endlich werden noch die Auszeichnungen
mitgeteilt, die, nur dem Propheten gewährt, nach seinem
Tode keinem Sterblichen jemals erreichbar sind, und zum
Schlusse wird mit dem Gelöbnis, nie den „grossen Mann"
Moses und die übrigen Hervorragenden in Israel aus dem
Gedächtnis schwinden zu lassen, geschlossen.

Vergleichen wir die Ausführungen Marqahs mit
den Schilderungen, die von dem Dahinscheiden Moses' in
anderen Quellen gegeben werden, so ergiebt sich folgender
bemerkenswerter Unterschied. Was zunächst die jüdischen
und christlichen Schriften anbelangt, so haben in den-
selben mit Ausnahme des Talmuds und der Targumim,
in welchen die Berichte über unsern Gegenstand nur ge-
ringe Erweiterungen des biblischen Textes sind, die
pentateuchischen Angaben aus dem Bereich der theologischen
und kosmologischen Anschauungen, wie sie in den ver-
schiedenen Zeitaltern herrschend waren, mannigfache Aus-
schmückungen erfahren[1]. Marqahs Schilderungen dagegen
lehnen sich, von äusseren Einflüssen frei bleibend, streng
an den Pentateuch an, dessen Andeutungen, nach samaritanischer Tradition aufgefasst und mit samaritanischen
Glaubensdogmen verflochten, nur ausgeführt und erklärt
werden. So weiss Marqah, um einige Beispiele zu geben,
nichts von einem Zwiegespräch Moses' mit dem Todesengel,[2]
nichts von einem Kampf des Erzengels Michael mit dem

---

[1]) Vgl. Fleischhacker, A., Der Tod Moses' nach der Sage,
Inaug.-Diss. Halle 1888, 22—30.

[2]) Sifré, sect. ךליו םיבצנ, zu V M. 31, 14 u. ö.

Satan um den Leichnam des Propheten,[1]) geschweige denn
von einer „assumptio Mosis",[2]) der er sogar ausdrücklich wider-
spricht.[3]) Was die Sage über den Tod Moses' in den übrigen
samaritanischen Schriften betrifft, so kommen zunächst
Capp. 6 und 7 des „Liber Josuae"[4]) in Betracht. Zwar
ist die Behandlung des Stoffes in diesen Capp. eine weit
kürzere als in der vorliegenden Schrift, doch zeigen Inhalt
und Form des Dargestellten eine überraschend grosse
Aehnlichkeit mit Marqahs Schilderung. Es liegt daher die
Vermutung nahe, die uns vorliegende Schrift Marqahs sei
die Quelle, aus welcher der Verfasser jener Chronik, der
im 13. Jahrhundert lebte,[5]) die Angaben, welche nicht
pentateuchisch sind, geschöpft hat. In der sonstigen
dürftigen Literatur der Samaritaner erscheint die Sage
über Moses' Tod wie auch über sein Leben mit neuen
Dichtungen überhäuft, deren Entstehung auf das Streben,
der Ausbreitung des Christentums vorzubeugen, zurückzu-
füllen ist.[6])

Nach dem Vorgange älterer Editoren ist der hand-
schriftliche Text in hebräischen Lettern wiedergegeben.
Fehlende Buchstaben sind durch eckige, überflüssige durch
runde Klammern gekennzeichnet.

Der Verwaltung der Königlichen Bibliothek sei an
dieser Stelle für die bereitwillige Ueberlassung der Handschrift und aller zu ihrer Bearbeitung erforderlichen Werke
der herzlichste Dank ausgesprochen.

Berlin, Juli 1890.

---

[1]) Epistel des Judas v. 9 u. ö.
[2]) Vgl. Volkmar, Apocryphen, 3. T. Leipzig 1867.
[3]) p. 219a g. E.
[4]) ed. Juynboll, Leiden 1848.
[5]) Vgl. Juynboll, a. a. O., p. 98.
[6]) Vgl. Heidenheim, Bibliotheca samar., Leipzig 1885, § 19.

Abhandlung.

מימר[a] עַל וַיָּמָת שָׁם: מֹשֶׁה עֶבֶד ד':[1]

מלים: רמין שריר אנן: אתין נימר מן דבה בוננו יצית
לממליה:[2] רב הו יתה ממללה דאנה אתי אמר דו מבלד
אמורה ומתמח שמועה:[2] אה: שמועיה אנדו עניוכם
ואציתו אל מליה דאנין רמין עד מותר:[3]

נתן אפרשו גרול(ה) מקדם: מרכ גלגי ב־ה: דעמרם
הך משה לא קעם ולא יקום לעלם ברטה למחכום בראשית
ועבר אל יום נקם האן הך משה ומן מרמי למשה:
דאימנה מרה על כסיאתה ועל גליאתה::[4]

ומלל: ד'[b] אל משה בגרם יומה הדן דן ממללה
הוה בתרה אגן זימונה::• | ומלל: ד' אל משה: בגרם

a) p. 200b der Berliner Handschrift (fortan durch B. bezeichnet).
b) p. 201a.

---

[1] V M. 34, 5.

[2] Der Acc. des pron. person. wird für das adjektivische und substantivische Demonstrativpronomen gebraucht; für das letztere jedoch nur im Plural, z. B.: ולית יתון סבעין מן מצפיתה „und nicht wurden diese satt, ihn anzuschauen" (siehe p. 205b). Häufig ist dieser Gebrauch des pron. person. in der Mischnah.

[3] Statt עניכבם. Zur Bedeutung des Wortes vgl. Targ. sam. (fortan: T. S.) I M. 6, 5 und Baneth a. a. O. Anm. 18.

[4] Diese Phrase gebraucht Marqah stets, wenn ein grösserer Schriftabschnitt besprochen werden soll.

[5] Vgl. V M. 34, 10, wo T. S. statt des masoretischen ולא קם liest: ולא יקום. S. Baneth a. a. O. p. 20.

[6] ברטה (quadril.) kommt in B. mehrmals vor und bedeutet „sich einen Weg bahnen, zu Jemandem gelangen (nach Ueberwindung von Hindernissen)", z. B. p. 7a: Gott sagt zu Moses: אזל למצרים וידען דאת שליח מדילי אתב בספרך שוי מברבי ושעתה

Erzählung zum Verse:

„Und es starb dort Moses, der Diener Gottes"[1]).

Sehr erhabene Worte wollen wir künden. Wer Verständnis hat, höre auf die Worte. — Gross ist jenes[2]) Wort, das ich reden will; denn es erschreckt den Redenden und setzt in Erstaunen den Zuhörer. Wohlan denn, ihr Zuhörer, richtet eure Sinne und höret auf die Worte, denn sie sind gar sehr erhaben.

Wir[3]) wollen den wichtigen Zeitabschnitt zitieren, bevor wir den Ruhm des Sohnes des Amram erwähnen. Gleich Moses gab es niemals jemanden und wird niemals jemand sein[4]). Er drang[5]) hindurch zum Verständnis der Schöpfung und gelangte bis zum Tage der Rache.[6]) Wo giebt es einen wie Moses, und wer ist demselben vergleichbar! Ihm, dem der Herr das Verborgene und Offenbare anvertraute![7])

„Und Gott sprach an eben jenem Tage zu Moses" — diese Mitteilung erfolgte am Eingange[8]) des Stiftszeltes. „Und Gott sprach an eben dem Tage zu Moses" — an

---

ראמשי „von meinem Eintreffen und der Zeit, da ich kommen werde"; p. 10b: בארעה הוה יכל ערק ולא יכשי לבה „er versuchte vorzugehen, er konnte entrinnen"; p. 18a: כד דברשו לירה וקעמו קדמיו „als sie zu ihm gelangt waren und vor ihm standen" etc.

[4]) Was nach dem Tage der Rache stattfinden wird, hat Moses erst kurz vor seinem Tode erfahren, vgl. p. 219a. Ueber den יום נקם, so genannt mit Beziehung auf T. S. V. M. 32, 35, vgl. Petermann, Reisen im Orient, 1, p. 283 sq.; Heidenheim, Vierteljahrsschrift für engl.-theol. Forschung, V p. 171 sq.

[7]) Vgl. Baneth a. a. O. p. 20 Anm. 3.

[8]) תרע = תרה = תרע

יומה דהא תכביהן עניככון: כל קהל ישראל: ן ומלל:
ד' אל משה בעצם היום הזה יצטריכון כתפהתה דעתידין
לכדור: ן -:

עלה: אל הר העברים הזה: הר נבא ומות תמן כמד מת
אהרן אחוך (ומות בהר כמא מת אהרן אחיך) בהר ההר
בפשרונה דקטטי‎a) מרירה שעתה דכה שמע מן עבודה
כל אהן ממללה והוה נביה רבה משה תלי קלה ואמר
רבותה לחילה מורכה ממנה ומתחנן ומשבח‎b) וסגד לאלהיו
ופמה לא יבטל מן מודי רבואן ואמר רבותה לחילך
מרי דיאנה קשיטה ליתך נסב אבים: לא לנביא ולא
לזכאי וכתר כן הבלדו כל כוראיה שריר כד שמעו מרן
יימר כל אהן לנביה רבה משה: ן

גבוראתה: דדער עמן בטור סיני סבעו למרון הן
לא יקרב לה מותה: ן חמשיתי ספריה וגזריה דלגון שאלו
מרון לא יקרב לה מותה: -: ן שמה: -: דלבשה על טו־
חוריב שאל מרה לא יקרב לה מותה: -: ן

a) ק steht über der Zeile. b) p. 201b.

9) וכסית = וכסיחת; תבכין = תבכיהן; vgl. zur Einschiebung des ה: וחתזיון = ותחזיאן (II. M. 1, 16). ותחזין = ותחזיאן (II. M. 1, 16).
(T. S. II. M. 8, 6);

10) עניככון ist zu lesen.

11) Der Sinn der vier folgenden Worte ist dunkel.

12) V M. 32, 49 u. 50.

13) Schon vom dritten Tage der Welt an, also dem Tage. an
welchem nach I M. 1, 9 u. 10, die Erde entstand, war der Berg
Nebo für Moses und der Berg Hor für Ahron bestimmt, wie Marqah
B. 77b sagt: ואנון ארבעה מעריס מעתדים מן יומה תליתה מכפלתה לזכותה
והגריזים למשכנה וטור ההר לכהנתה וטור נבא לנביותה Und jene vier Plätze„
waren bestimmt vom dritten Tage an, Machpelah für die Frömmigkeit
(d. i. die Frommen, nämlich Abraham, Isaak und Jakob), der Berg
Gerisim für die Wohnung (sc. Gottes), der Berg Hor für die Priesterschaft, der Berg Nebo für die Prophetie. — כמד ist entstanden aus כמא ד'.

14) Von ומות בהר bis אחיך ist zu streichen.

15) שר bed. im Samar. „urteilen, richten"; vgl. Castellus, Lexic.
heptaglotton, London 1669, s. v.

welchem weinen[9]) mögen eure Herzen,[10]) ganze Gemeinde
Israels. „Und es sprach Gott an eben jenem Tage zu Moses:[11])
„Gehe[12]) hinauf auf diesen Berg Abarim, den Berg
Nebo[13]), und stirb dort, wie dein Bruder Ahron auf dem
Berge Hor nach dem Richterspruch[15]) des Wahren gestorben
ist.“ Bitter war der Augenblick, in welchem er ·vom
Schöpfer alle jene Worte hörte. Es erhob der grosse Prophet
Moses seine Stimme, rühmte den Herrn, den Stetigen, den
Ewigen. Er betete, lobpries und bückte sich vor seinem
Gotte, indem sein Mund nicht unterliess, Rühmliches zu
verkünden. Er sprach: „Ruhm sei Dir, mein Herr,
wahrhafter Richter, der Du nicht das Antlitz[16]) der Person
achtest, nicht das des Propheten und nicht das des Frommen.“
Gross war der Schrecken,[17]) der nunmehr alle Wesen
erfasste, als sie vernahmen, wie der Herr all dieses dem
grossen Propheten Moses sagte.

Die Mächte, unter denen er auf dem Berge Sinai geweilt hatte,
riefen[18]) zum Herrn: „Nicht möge sich ihm der Tod nähern.“

Die fünf[19]) Bücher und die Bestimmungen, welche sie
enthalten, baten den Herrn: „Nicht möge sich ihm der
Tod nähern“. Der Name,[20]) mit welchem er auf dem
Berge Horeb ausgestattet[21]) wurde, bat: „Nicht möge sich
ihm der Tod nähern.“

---

[16]) אפים = אבים.

[17]) הבללו kontrahiert aus התבללו. Das ת der Vorsilbe את fällt
im Samar. sehr häufig wie in den Talmuden und im Mandäischen
auch vor nichtdentalen Lauten aus.

[18]) שבע bedeutet gewöhnlich in B. „satt sein“ = שָׂבֵעַ. Hier
sowie p. 204a Ende (s. das.) ist es gleichbedeutend mit שוע „flehen“,
für das es hier gesetzt zu sein scheint. Zum Wechsel von שׁ und ס
vgl. Uhlemann, Institutiones linguae samarit., Leipz. 1837, p. 13a.

[19]) Statt המשתי ist חמשה zu lesen, da ersteres „50“ bedeutet
Vgl. Uhlemann, Institutiones linguae samarit., § 48 Anm.

[20]) D i. אלהים, wozu man II. M. 4, 16 und 7, 1 vergleiche.
Vgl. auch 202b, 214b und 220a. Die Buchstaben dieses Wortes
werden in der Folge redend eingeführt.

[21]) לבש bedeutet wie im Hebräischen: 1) anziehen, 2) be-
kleidet sein.

א ּ אמרת חסלה חסלה ושאלת אן לא יקרב לה
מותה ּ׃

א ּ אמרת(a') אני בחשבנה חדה לית אלה אלא
אחד ׃ ולא נביא אלא משה כרה דעמרם ׃ ן

א ּ אמרת וכרות בכסי אתה חסלה חסלה הן יקרב
לה מותה ׃ ן

לבאת ׃ כרות ואמרת בדילה בשיאל לברוה הן לא
[יקרב] לה מותה בדיל דכתבי בעקב ארהותה דעל מימר
ד' כתב לעיני כל ישראל כתבי חתמת ארהותה דקבלה
והו[נ]ת הך נטור על אוצר על כן אנה שאלה בדילה
טכח לא יקרב לה מותה ׃ ולא יכינה נפש ׃ ן

ה ּ אמרת' וכרות בדילה אנה חשבני חמשה וכתבה
חמשה ספרים ולבש חמשה כתבים ׃ ואנן אלהים(b') על
כל אנה שאלה לא יקרב לה מותה ׃ ן

י ּ אמרת וכרו[ז](ר)ת(c') בדילה אף אנה בחשבנה עשרה
דאתחכם בה ׃ ישראל ואקרי בריתה ופרקנה ׃ ועורי

a) p. 202a. b) p. 202b. c) Im Texte steht das Wort mit
einem ר zwischen ז und ת und einem darübergeschriebenen Punkte
als Zeichen, dass es zu streichen sei.

---

[22]) חסלה, zusammengezogen aus חס לה, kommt in dieser Schreibung
auch in einigen Targumausgaben vor, vgl. die Lesarten bei Petermann, Pent. Samar., Berlin 1872, I M. Cap. 18, 25; 44, 7 u. 17.—
Durch die schnelle Aufeinanderfolge in der Aussprache des Wortes
חסלה und des darauf folgenden stets mit einem ל beginnenden
Wortes, wie z. B. 44, 17: חסלה לי, ist der Vokal des ל in חסלה ver-
loren gegangen und so die Form חסל entstanden, wie an den genannten Stellen die Lesarten einiger Mss. sind.

[23]) „Labad" nennt Petermann, Gramm. sam. p. 2, den Buchstaben ל. Wahrscheinlich ist diese Bezeichnung aus der sonstigen,
למד, durch Vertauschung der verwandten Konsonanten entstanden.

[24]) Vgl. zur Konstruktion I. M. 37, 21: לא נכנו נפש, woselbst T.
S. hat: לא נקטלנה נפש.

[25]) Siehe Anm. 20. — Für כל ist כן zu lesen; die Buchstaben
נ (ן) und ל können im Samar. bei der sehr ähnlichen Schreibart
leicht verwechselt werden.

Das Alaf sprach: „Fern[22]) sei es, fern sei es“, und
bat, dass nicht der Tod sich ihm nähern möge.

Das Alaf sprach: „Ich gelte für Eins; es giebt keinen
Gott ausser dem Einen und keinen Propheten ausser Moses,
des Amrams Sohn.“

Das Alaf sprach laut: „O Du, der Du im Geheimen
weilst, fern sei es, fern sei es, dass sich der Tod ihm
nähere.“

Das Labad[23]) rief laut aus seinetwegen, indem es den
Schöpfer bat, dass nicht der Tod sich ihm nähern möge:
„Weil er mich am Schlusse der Lehre geschrieben hat —
denn auf Gottes Geheiss schrieb er: „Vor den Augen ganz
Israels“ — er schrieb mich als letzten Buchstaben der
Lehre, die er empfangen hat; ich bin wie der Hüter eines
Schatzes, deshalb bitte ich seinetwegen: „Nicht etwa möge
der Tod sich ihm nähern und nicht ihn beschädigen an
seiner Seele.“[24])

Das He rief laut aus seinetwegen: „Was mich betrifft, so gelte ich fünf; auch die Schrift besteht aus fünf
Büchern, und er führte [einen Namen von] fünf Buchstaben,
nämlich Elohim[25]); deshalb bitte ich darum: Nicht möge
sich ihm der Tod nähern.“

Das Jod rief laut aus seinetwegen: „Auch ich gelte
zehn, durch welche bekannt wurde Israel,[26]) welche die
Grundlagen[27]) der Schöpfung[28]) und der Befreiung[29])

---

[26]) D. i. die zehn Gebote. Vgl. über die zehn Gebote bei den
Samaritanern T. S. II. M 20 und V M. 5. — Zu der Bedeutung
„bekannt sein“ des Ethp. von כהם vgl. unten p. 219b: לא יתהבם אי
יומה דנקם.

[27]) אקר = עקר vgl. Castellus, Lexicon heptagl. s. v.

[26]) Aufklärung hierüber giebt uns die Schirah des Abraham ben
Jakob, in der es heisst: ממיעל ד אלהים ובו קם העולם סדר: הך ארשה יהי
ייהי באמירות עשר (siehe Heidenheim, Bibliotheca samaritana).
S. dieselbe Ansicht in Pirke Aboth V. 1. Die zehn Aussprüche be-
ziehen sich auf das neunmalig bei der Schöpfungserzählung ge-
brauchte ויאמר (I M. 1) und die Worte בדבר ד שמים נעשו (Ps. 33, 6.

[29]) D. i. die zehn Plagen, welche die Aegypter vor der Aus-

רחמיה וריש שמה רבה: על כן אנה שאלה בדילה לא
יקרב לה מותה׃ |

מ׃ אמרת׳ וכרות בדילה אנה ריש שמה ואחר שם
אדם ושם אברהם וכשם אבוה השתננא פעמים
ובמניאני‏a) הוה ציאמה לגו יומיה ולילותיה: הך דאמיר
ארבעים יום וארבעים לילה: על כן שאלה לא
יקרבה מותה׃ |

ימה: אף הוא כרז ואמר בגללה מן [ד]פלגי ואנגבי
באטרה וגלה לגוי‏b) ארבעים חלק לא ישוי מותה׃ |

אשתה: אמרת וכרות בדילה גבורתי אכלה וכד
דרם‏c) יתי חוית כתי רגליו כטל ולא הכשב בי: ולא
אתנכי על כן אנה שאלה: הן לא יקרבה מותה׃ |

עננה: כרז‏d) ואמר אני כסיתה בטור סיני: ומלגוי זעקה
מרה וכי אתה לידי לכן אני שאל: אן לא ייתה לה מותה׃ |

a) מ übergeschrieben. b) p. 203 a. c) ר über der Reihe. d) ז
ursprünglich ס.

wanderung der Israeliten trafen. Die Ansicht, dass die Samaritaner
im Gegensatz zu den Juden elf Plagen zählen (vgl. Geiger in Z.
D. M. G. XXII p. 536; Heidenheim, Vierteljahrsschrift für engl.-
theolog. Forschung III, p. 96 Anm. 2), beruht auf der Verwechselung von „Plagen" und „Wundern", deren letzteren Zahl allerdings,
indem zu den zehn Plagen das Schlangenwunder (II M. 7, 8—14)
hinzutritt, elf ist. Nur in diesem Sinne ist daher auch die Stelle in
der „Hymne Abischa's des Hohepriesters": לך ואשלכך בסימני אותות
(ואשלכך für ואשלחך) „gehe und ich will dich senden מספרם אחד עשר
mit Wunderzeichen; ihre Zahl ist elf" aufzufassen (Siehe Heidenh.
a. a. O. p. 109).

[30]) D. i. die II M. 34, 6—7 genannten Gotteseigenschaften,
vgl. über die Zählung derselben Baneth a. a. O. p. 50 Anm. 94 u.
p. 53 Anm. 99. — Mit שמה ist das Tetragrammaton gemeint.

[31]) השתננא ist in השתננת zu emendieren.

[32]) II M. 34, 28 u. ö.

[33]) Vor פלגי ist das auf das demonstrativische מן stets folgende
Relativpräfix ד zu ergänzen.

[34]) Nach samaritanischer Auffassung erhielten die Aegypter ins-

und auch der Gotteseigenschaften[30]) sind, und bin der Anfang des grossen Namens;[30]) deshalb bitte ich seinetwegen darum: „Nicht möge der Tod sich ihm nähern."

Das Mem rief laut aus seinetwegen: „Ich bin der Anfang seines Namens und das Ende des Namens Abraham sowie des Namens Adam; im Namen seines Vaters erscheine ich doppelt;[31]) so viel Tage und Nächte, als meine Zahl beträgt, fastete er, wie es heisst: „Vierzig[32]) Tage und vierzig Nächte;" deshalb bitte ich darum: „Nicht möge der Tod sich ihm nähern."

Auch das Meer rief laut aus um seinetwillen: „Er,[33]) der mich mit seinem Stabe geteilt und getrocknet hat, der dem Volke vierzig Teile[34]) geoffenbart hat, möge nicht den Tod verdienen."[35])

Das Feuer rief laut aus seinetwegen: „Meine Kraft verzehrt; doch als er auf mich trat, war ich wie Tau unter seinen Füssen; nicht wurde er durch mich verletzt und nicht beschädigt. Deshalb bitte ich darum, dass sich der Tod ihm nicht nähern möge."

Die Wolke rief laut aus: „Ich habe ihn auf dem Berge Sinai verhüllt; aus mir heraus rief ihn der Herr und in mir kam Er zu ihm;[36]) deshalb bitte ich, dass nicht der Tod zu ihm kommen möge."

---

gesamt 40 Strafen, vgl. B. p. 62 b: ארבעים קרב עבד אלה עצרים במצרים; 64 b: ארבעים בופת במצרים ובים סוף ועשרים ביטה.

[35]) Bei שוה „würdig sein, verdienen" steht das Objekt mit und ohne ב. Vgl. Gesenius, carm. sam., s. v. und T. S. V M. 33, 23.

[36]) תוית = הוית. Zur Sache vgl. B. p. 76a, woselbst es heisst: הבל בעשרה סיכניה . . . . . . הראש ברגליו דהוה מהלך בן על אשתה ולא . . . . . . אהנכי בה ומתי דרם לג'ו אשתה ביום חוריבה . . . . . „er (Moses) wurde durch zehn Auszeichnungen gekrönt . . . die erste geschah an seinen Füssen, denn er ging mit ihnen auf dem Feuer einher, ohne von demselben beschädigt zu werden. Wann aber betrat er das Feuer? . . . am Tage des Horeb" d. i. am Tage, da Gott vom Horeb aus die „zehn Worte" verkündete. · Für das bald folgende רירי ist לירה zu lesen.

וּנְבִיה: קְעוֹם לִקְדַם מְרֵה שְׁמַע כָּל אֵלִין שִׁיאַלְיֵה
בְּדִילֵה מִכָּל בּוֹרַאֵיה אָן לָא יִקְרְבְנָה[a]) מוֹתַהּ וֻמְרֵה דְעָלְמָה
מֵנִיב לְכָהֲלוֹן יוֹם גְעוֹזֵהּ מְטִי לֵית שִׁיאַל יוֹמָה מְקַבֵּל
מָרִירָה שַׁעֲתָה דְבַהּ שְׁמַע: נְבִיה רַבָּה מֹשֶׁה הֲדָה שִׁיאַל(י)ה
דַהֲוָת [וּ]בְדִילֵהּ[b]) וּמַה הַגְבּוֹן בְּדִילֵה [וּ]מְרֵה דְכָלָה יוֹמָה
הַדֵן סְכוֹם גֵט נְבִיי מֹשֶׁה לֵית שִׁיאַלְכוֹן בְּכֵן מַחֲנֵי יְהִי
מֵעֲמִי: לִנְבִיה רַבָּה מֹשֶׁה כַּד שְׁמַע כָּל אֵלִין מִלְיָה עֲפַל
יִתְחָנַן קֳמֵי מְרֵה וִיסְגַד וִיתְלֵי אַדָה אֵל מְעוֹן קַדְשָׁה וְדָמְעֵיו
הָךְ מְטַר נָאזֲלִים וּבְכִיתָה רַבָּה שָׁרִיר לָא עַל קְנוֹמֵה אֶלָא
עַל קָהֲלָה כְּרַז וַאֲמַר בְּקַל רָם: אוֹי עֲלֵיךְ אָה קָהֲלָה אָנָה
אֲזֵל וְשַׁבְקָן לָךְ וְאַתָּה תַּטִיע מִבְתַר מוֹתֵי מַן יִתְחָנַן בְּדִילָךְ:
מַן יָפִיס לָךְ: מַן יֵחַס עֲלֵיךְ: בַּתְרֵי מַן חַיֵיה אָנָה מִתְפְּנִי
וְרָמֵי בְּגוֹנָבֵה[c]) דְחֲפַץ יָתֵהּ אָדָם וְלִינִי עֲלָל לְיַד אַרְעָה
טַבְתָהּ וּמְקַצְרָה הוּא מִנִי וַאֲמַטָה סְכוֹם רְגִילוֹתִי וְיוֹמָה אָנָה
אֲזֵל מִן עָלְמָה וּמַאתְ: וְלֵית בִּי רוֹח אֲרִיכָה מִזְבַן בְּמִלְתַהּ[d])
דְנָחַשׁ מִתְנְסַב: | בְּמִיכְלָה דַהֲוָה מִמְשְׁכַן עַל עָלְמָה דְאָדָם:

a) ק über der Reihe. b) p. 203b. c) Unter dem über der
Reihe befindlichen ו steht ein ausgestrichener Buchstabe. d) p. 204a.

---

[37]) Aus den singularischen Formen הרה und דהות folgt, dass
das zugehörige Substantiv im Singular steht, mithin שיאלה zu lesen
ist. -- Das ו vor בדילה und das vor מרה geben keinen Sinn und sind
zu streichen.

[38]) קץ == גמט, aus dem es entstanden ist (vgl. zu dem Laut-
wechsel Uhlemann a. a. O. 13 u. 14). So wird der Satz (II M. 14.12):
חדל ממנו ונעברה את מצרים. der in der samarit. Paraphrase lautet:
גט ני מנאבן, von Marqah p. 40b so citiert: קץ ני מנאבן ונשמש ית מצראי
ונשמש מצרים.

[39]) חנה „geniessen, Vergnügen haben", Pa. „Nutzen bringen",
entspricht dem im Talmud häufigen chald. Verbum הנא (vgl. Levy,
Neuhebr. und chaldäisch. Wörterbuch, Leipzig 1876, s. v.). Davon
ist das Substantivum חנאה „Kostbarkeit" abgeleitet, wie im Hebr.
vom gleichbedeutenden חֵפֶץ das Subst. חֵפֶץ. So heisst es B. p. 40b:
ועוד רמה דנעזר חנאה רבידיון רשעלו יתה מן. Mit Unrecht glaubt daher

Und der Prophet stand vor dem Herrn, er vernahm,
wie alle Wesen für ihn baten, dass doch der Tod sich
ihm nicht nähern möge, und der Herr diesen allen ant-
wortete: „Der Tag der Wanderung ist gekommen, keine
Bitte wird heute erhört." Bitter war der Augenblick, in
welchem der grosse Prophet Moses diese Bitte hörte,
welche seinetwegen[37]) erfolgte, sowie die Antwort, welche
ihnen betreffs seiner der Herr des Weltalls erteilte: „Heute
ist der Schluss; es verendet[38]) mein Prophet Moses; nichts
nützt[39]) daher eure Bitte." Herrlich war es, den grossen
Propheten Moses zu sehen, als er alle jene Worte vernahm.
Eiligst[40]) betete er vor dem Herrn, bückte sich und erhob
seine Hand zur heiligen Stätte, während seine Thränen
Regen gleich flossen und er gar heftig weinte, nicht etwa
für seine Person, sondern für das Volk. Mit erhobener
Stimme rief er aus: „Wehe dir, Volk, ich gehe hinweg
und lasse dich zurück; du aber wirst nach meinem Tode
abirren.[41]) Wer wird für dich flehen? Wer dich lenken?
Wer über dich wachen nach mir? Vom Leben wende ich
mich ab und werde in die Gruft gesenkt, welche Adam
gegraben hat. Nicht mehr gelange ich nach dem schönen
Lande; es ist mir verschlossen. Gekommen ist das Ende
meiner Wanderung. heute scheide ich von der Welt und
sterbe. Nicht habe ich noch lange Frist;[42]) verkauft durch
das Schlangenwort. dahingerafft durch das Essen der Eva,
verpfändet wegen der Nachsicht Adams;[43]) nicht besitze

Kohn (Zur Sprache, Liter. und Dogmatik der Sam., Leipzig 1876,
p. 38 Zle. 348 sq.) das Wort הבאיתה, wie es nach seiner Version
an der entsprechenden Stelle statt הבאה in B. heisst, in מבאיתה
emendieren zu müssen, damit das Wort die Bedeutung „Gefässe"
erhalte. (Dass Kohn a. a O. p. 90 הבאיתה statt הבאיתה liest und
in מבאתה emendiert, beruht wohl nur auf einem Irrthum). — Zu
יהי „schön" vgl. Castellus, Lexicon heptaglotton, s. יהי.

[40]) יעל kommt in unserer Schrift mehrfach als Adverbium vor;
als verbum finitum steht es p. 213 b: ויעל במסוקה (s. das.).

[41]) בעה = טוע.

[42]) רוח = hebr. רוּחַ.

[43]) Vgl. hierzu und zum Folgenden I M. 3. Für das gleich

ולית בי סוכרו לעלם זכותה דילך מרי כליל חייה דילך:
לית מעלם על דין ולא נסב אפים לא לנביא ולא לזכאי
זכותה לך אה אה קשטה זכותה לך אה אה דיאנה דאת סני
קשט ומהימנה:∙ |

ובתר כן : עמד נכיה רבה משה בתר סגדתה בתרח
אגן זימונה וזעק ליהושע בן נון ותנה לה כל פתגמיה
ואמר לה אה אה תלמידי אה יהושע בן נון : אזיל מזרז אל
בית כהנתה וחכמון [מה] דהוה ואמר לאלעזר ולאיתמר
ולפינחס ייתו בזרוז עד נסבע מנן שלם לך אה[a]) ממללה
דאתמר ליהושע מן נביה רבה משה בתרח עפיה דקבענה
מלבר משריה רחיק מן משריה וז(ק)עקה אגן זימונה מתמן

a) p. 204 b.

---

folgende דהוה 1. דחוה.— עלמה ist Subst. zu עלם „ein Auge zudrücken,
Nachsicht üben". Adam hat es unterlassen, Eva wegen des Genusses
der verbotenen Frucht zu rügen, ass vielmehr selbst davon und hat
so die Strafe des endlichen Erdenlebens auf sich und alle seine
Nachkommen geladen.

[44]) Vor דהוה ist מה zu ergänzen.

[45]) Mag diese Uebersetzung, zu welcher die Worte ואפשט לן שלמה
p. 205a und ויהבו לו שלמה p. 212a zu vergleichen sind, richtig sein
oder סבע hier in anderer Bedeutung stehen (vgl. Anm. 16) und
שלם לך „Friede mit Dir" zu übersetzen sein, jedenfalls scheint
hier ein Fall vorzuliegen, wo die 1. Person Sg. Imperf. mit dem
Präfix נ gebildet ist. (Dieselbe Erscheinung findet sich im jerusa-
lemisch. Talmud, vgl. Schlesinger M., das aramäische Verbum im
jerusalem. Talmud, im Magazin f. d. Wiss. des Judenth. 1889 I
p. 15 sq.) Dasselbe scheint auch bei נביט in der Strophe 3 des
„Midrasch des Priesters Tobiah" (s. Heidenheim, Vierteljahrsschrift
etc. IV) der Fall zu sein. Daselbst heisst es:

בחסדך אשר לא ימנו	1) סלח לנו אה אה רבינו
אשת פני תושיעני	2) אה אל קני אליך אני
מכל צדריע תוציאני	3) אה אל שליט אליך נביט
מכל צרה תרחיקני	4) אה אל ישר כל עבידה
סלח ופשר לן כלנו	5) אה אל ישר עובד כשר

ich Kraft für alle Zeiten. Die Gerechtigkeit ist Dein, o Herr; des Lebens Krone gehört Dir an, der Du nicht Nachsicht übst beim Gericht und nicht ein Antlitz achtest, nicht dem Propheten und nicht dem Frommen. Die Gerechtigkeit ist Dein, Wahrhaftiger; die Gerechtigkeit ist Dein, Richter; denn Du bist sehr gerecht und wahr."

Nunmehr erhob sich der grosse Prophet Moses, nachdem er sich am Eingange des Stiftszeltes vor Gott gebückt hatte, rief Josua, den Sohn des Nun, erzählte ihm alle Geschehnisse und sprach zu ihm: „Gehe, mein Schüler, Josua, Sohn des Nun, schleunigst in das Haus der Priester, thue ihnen kund, was [14]) geschehen ist, und sage zu Eleasar, Ithamar und Pinchas, sie möchten schleunigst herkommen, damit ich [15]) von ihnen den Friedensgruss erbitte. Geh!" Dieses ist das Wort, das dem Josua von dem grossen Propheten Moses gesagt wurde am Eingange des Zeltes, das er ausserhalb des Lagers errichtet hatte, fern von demselben, und genannt hatte [16]): „Stiftszelt". [17]) Von dort

Der Hohepriester betet nach den einleitenden Worten in Str. 1 erst für sich (Str. 2—4) und dann (Str. 5) für Alle (לן בלנו). Demgemäss steht Str. 2: פני אני. (אשת = אשיח) und תושיעני; Str. 4: תריקני. Neben diesen Singularformen scheint auch נביש singularisch zu sein, zumal gleich das Singularsuffix in תוציאני folgt. Von Str. 5 an ist nur von der Gesamtheit die Rede. — In dem „Midrasch des Priesters Abraham" (Heidenheim, a. a. O., p. 112—117) heisst es Str. 19:

עתה נבכה בלב שביר   רע תשליכי נפשי ולבי
וכל סנבי מגן יסטי   קטה רבי ונפרש כפי

Vers 1a lässt erwarten, dass נבכה in 1b Singular und „ich will weinen" zu übersetzen ist; ebenso כפי „meine Hand" neben נפרש, dass dieses bedeutet: „ich will ausbreiten." — Doch lässt sich Bestimmtes darüber, ob die 1. P. Imperf. auch im Samar. mit נ gebildet wurde, erst nach Beibringung einer grösseren Anzahl von Beispielen aus der aramäisch-samaritanischen Literatur behaupten.

[14]) Das erste ק in חקקה ist zu streichen, wie auch der hebr. Text zur Stelle lehrt.

[15]) Citat aus II M. 33, 7. woselbst es im T. S. heisst: וקבע לה מלבר למשריתה הרחק מן משריתה וקרא לה אהל מועד. Auch diese Stelle beweist deutlich, dass Marq. nicht das T. S. in der uns vorliegenden Fassung gekannt hat. Denn abgesehen davon, dass er

2

נפק יהושע שמש נביה רבה משה ואתא מזרז ליד משכנה
קדישה וקעם לקבלה בבכיה רבה עד נפקו מנה תליתה
אלעזר ואיתמר ופינחם וצפו יהושע קעום בכי אמרו לו
מה דברה ועל מה אתא ב'כי: אמר לון ודמעיו כמטר
נאזרים: אדני משה יומה בעי יסק ימות: אצטער על
כהניה קדישיה דן ממללה והוו בלחץ היול כד שמעו
מן יושע דן מגדה זרזו במהלך וכל בית כהנתה עמון ואתו
ליד נביה רבה משה וכד אמטו לידה נשקו אפיו מן אכה
ומן אכה ונפלו על רגליו[a] ופינחם בן אלעזר סבל חציצרות
באדה והו קעום קדמיו בכי: אמר לה נביה רבה משה:
אה רב ברה דאחי קום: אתה ואיתמר בתרח משכן זימונה
וחציצריה באדיכון ואתקעו תרועה: עד ישמע כל קהלה
וייתי לאכה ויסתדר קדמי: ואפשט לון שלמה קעם
איתמר[b] ופינחם ותקעו תרועה בתרח משבן זימונה: וכד
שמע קהלה קל הצוצריה הבלד וארתת: ואמר מה הדה
אתקעותה בהדה שעתה ליתו זבן קרבן: ולא זבן מטלה:
קל חציצריה תקעו[n]ן באגן נביה רבה משה: וכל קהלה
דחל ורתת ׃ |

מרירה שעתה דאמטה בה מחביה: ואמיר הן משה
נביה אזל למות דאה מחביה דאתחבה בה שבטי יעקב

a) p. 205 a.   b) Das , ist übergeschrieben.

ungenau citiert. hätte M. an dieser Stelle kaum den Ausdruck des
Targum verändert, das hier statt אגן זימונה liest: אהל מועד‏. Ueberhaupt ist bei Marq. die stehende Bezeichnung אגן זימונה, wofür nur
selten ein anderer Ausdruck gebraucht wird, während das T. S. in
der Regel entsprechend dem hebr. Texte אהל מועד liest.

[48]) Diese Bedeutung des Stammes דבר ist von Castellus, Lex.
hept. s. v., unter Verweisung auf T. S. IV M. 23, 20 belegt.

[49]) Statt רב l. בר‏.

[50]) אתקעו ist Imper. Peal; die Prosthesis eines א ist eine im Sam.
häufige Erscheinung, vgl. Anm. 73 sowie Uhlemann a. a. O. p. 17.

ging Josua, der Diener des grossen Propheten, fort, eilte
nach der heiligen Stätte, blieb vor derselben heftig weinend
stehen, bis jene drei heraustraten, Eleasar, Ithamar und
Pinchas. Als sie Josua weinend stehen sahen, fragten sie
ihn, was ihn hergerufen hätte⁴⁸) und weshalb er weinend
gekommen wäre. Da sagte er ihnen, während seine Thränen
wie Regen hinabrieselten: „Mein Herr Moses will heute
hinaufsteigen und sterben." Bei diesen Worten ergriff die
heiligen Priester grosser Schmerz; schwer waren sie bedrückt, als sie aus Josuas Munde diese Kunde vernahmen.
Sie beschleunigten ihren Gang, mit ihnen alle Mitglieder
der Priesterschaft, und kamen zum grossen Propheten Moses.
Als sie bei ihm angelangt waren, küssten sie sein Antlitz von
dieser und jener Seite, fielen ihm zu Füssen, und Pinchas,
der Sohn des Eleasar, nahm Trompeten zur Hand und stand
weinend vor ihm. Da sprach der grosse Prophet Moses
zu ihm: „Stelle dich, Enkelkind⁴⁹) meines Bruders, mit
Ithamar am Eingange des Stiftszeltes auf, die Trompeten
in den Händen, und blaset⁵⁰) eine Teruah, damit das ganze
Volk es höre, hierher komme und sich vor mir ordne, auf dass
ich ihnen den Friedensgruss biete. Da stellten sich Ithamar
und Pinchas am Eingange des Stiftszeltes auf und bliesen
eine Teruah. Als das Volk den Trompetenstoss vernahm,
geriet es in grossen Schrecken und sprach: „Was soll
dieser Trompetenschall in dieser Stunde bedeuten? Nicht
ist die Zeit des Opfers, auch nicht die des Vortrags. Im
Zelte des grossen Propheten Moses bläst man⁵¹) die
Trompete." Das ganze Volk war in Furcht und Schrecken.

Bitter war der Augenblick, in welchem die Nachricht
kam und berichtet wurde, dass der Prophet Moses in den Tod
gehe; denn wohlan, die Botschaft, von welcher die Stämme
Jakobs benachrichtigt wurden, erzürnte ihn und alle Be-

---

⁵¹) Zwischen ‫ע‬ und ‫;‬ ist ein ‫י‬ zu ergänzen. Der Gebrauch des
pluralen Particips zum Ausdrucke des pron. indefinitum ist in der
Mischnahsprache häufig.

אבעס(ע)ה(a) וכל(b) דיתריה וכד אשתמע קלה בין שבטיה
הן משה בעי יסק אל טור נבא וימות שם כהלון אזדמנו
ונפקו בזרוז שבט שבט בתר(c) שבט עד אתו לאהל משה כל ראשי
שבטיה וכל דיאניה וכל סהבי(d) קהלה והשבעים הזקנים
הלכו כהלו[ן] עד אמטו לאגן נביה רבה משה: ויתבון סדירין:
וספר לון מה מה דאמר אלה והוה סדרון קדמיו הך מא
דהוה בזבן דקרא שירתה: עבד לה דרג וסלק עליו עד
עמה כל קהלה מסתדר קמיו וכהלון עמין יתה ולית יתון
סבעין מן מצפיתה והו בכי כדמעין הך מטרה הנחות מן
שומיה ואלף יתון מקרתה ואימנותה רבתה וגזריה ודיניה
וכל פקודיה דפקד יתה ד' ויהושע(e) בן נון: שמע כל
אהן ואתילף כל מה [ד]שמע בלב מלי מן חכמתה הך
מה דאמר ויהושע בן נון מלא רוח חכמה: ׃ |

ונביה: רבה משה קעום הך זהר במלאו מוכח ומלף
ובכי על כל קהל ישראל וכבותה סלקה ליד שומיה:
ואמר קל מתלי אה שכוני המכפלה אה זכאי עלמה׳
אתעירו אה תדע רוחך אה אבה טבה ברה דת'רח׳
אה ארשה דזכותה ושלמותה הן סיני פרדוסים ׳דנצבת
מתרעים בחוביה ומרדיה אה יצחק דבחה קדשה קרבנה
דלא הנכם ולא השפך לי דם אה תדע רוחך אן סחנתך

---

a) Das erste ע steht über der Zeile.   b) p. 205b.   c) ת steht
über einem irrtümlich nicht ausgestrichenen ט.   d) ה übergeschrieben.
e) p. 206a.

---

[52]) Auf wen sich das Suffix des Wortes אבעסה bezieht, ist un-
klar. דיתריה scheint bei der im Samarit. herrschenden Aehnlichkeit
des ת und א für דיאריה „Bewohner" verschrieben zu sein.

[53]) Am Schlusse von כהלו fehlt das ן.

[54]) Die 3 p. pl. Perf. ist nach Analogie der entsprechenden
Form des Imperf zuweilen mit ן gebildet. Vgl. טמנון bei Petermann,
Gramm. sam., p. 21; אמרון bei Uhlemann, a. a. O., p. 22, 1. Dieselbe Erscheinung findet sich in verwandten Dialekten, vgl. Schlesinger, Das jerusalem. Verbum; Nöldecke, Mandäische Gramm.

[55]) Vgl. V M. 32

wohner.[52]) Als sich nun die Nachricht unter den Stämmen
verbreitet hatte, dass Moses den Berg Nebo besteigen
wolle, um zu sterben, rüsteten sich alle und gingen eiligst,
ein Stamm nach dem anderen, bis sie in Moses' Zelt kamen,
alle Häupter der Stämme, alle Richter, alle Greise des
Volkes und die siebenzig Aeltesten. Sie gingen alle[53]),
bis sie in das Zelt des grossen Propheten Moses kamen.
Sie sassen[54]) geordnet, während er ihnen erzählte, was Gott
gesagt hatte; sie sassen in derselben Reihenfolge wie damals, als er das Lied gesungen hatte[55]). Er errichtete
sich eine Erhöhung und stellte sich darauf, damit er das
ganze Volk, das vor ihm geordnet sass, überblicken könnte
und alle ihn sehen könnten; nicht wurden diese seines An-
blickes satt. Er aber weinte, und[56]) die Thränen glichen dem
Regen, der vom Himmel hinabfällt. Darauf lehrte er sie
die Schrift, den grossen Glauben, die Gebote, Gesetze und
alle Bestimmungen, die ihm Gott gegeben hatte. Auch
Josua, der Sohn des Nun, hörte all dieses an und eignete
sich alles, was[57]) er gehört hatte, mit weisem Sinne an,
wie es heisst: „Josua, der Sohn des Nun, war voll vom
Geiste der Weisheit."

Der grosse Prophet Moses stand da gleich dem Mond
in seiner Fülle, ermahnend und lehrend; er weinte wegen
des Volkes Israel, und seine Klage drang zum Himmel
empor. Mit erhobener Stimme sprach er: „O, Bewohner
von Machpela[58]), Fromme der Welt, erwachet! Wisse es,
guter Vater, Sohn des Terach, Haupt der Frömmigkeit
und Vollkommenheit, dass die Umzäunungen der Gärten,
die du gepflanzt hast, durch Vergehungen und Empörungen
eingerissen werden! Isaak, heilige Altargabe, Opfer,
das nicht geschlachtet und von dem[59]) nicht Blut ver-
gossen wurde, wisse dass dein Besitztum, welches du in

---

[56]) Auch für das Waw copulativum steht häufig ‫ב‬.
[57]) Zu ‫שמע‬ ist das Relativpräfix ‫ש‬ zu ergänzen.
[58]) Vgl. I M. 25, 9; 49, 31; 50, 18.
[59]) Für ‫לי‬ ist zu lesen ‫לה‬, das possessivisch auf ‫קרבנה‬ zurückgeht.

דעמרת בזכותך a) אזלה לחרבנה בחוביה ומלקיה במטרה
דלבטה ומשתליה׃ בפנותה אה b) יעקב אבי שבטי רוחותה
אה תדע רוחך דשבטיה דקמו ממך׃ ואפרקו על אדי
ממצרים ביכלותה דאלה ושמעו קלה קרי מלגו אשתה
עסרתי מליה וחזו מן בדילון עביד והך אתהפך פמה
דבלעם ואמר מה טבו אהליך יעקב ומשכנותיך ישראל
כנחלים נטועים באיקר רב כנות עלי נהר בחסד רב
כאהלים נטע ד׳ בקדוש כארזים עלי מים מקלעים בעללה
כל אהלין גלגיה עתידין מתכלין לגו פנותה ובתר כן
רחותה מתכסיה וביש(ה)תה תתגבר שריר ומשכן אלא
יסתר והרגריזים יטמא c) ופאנה יתשקח בכל אתר ולית
מן יקנא לאלה׃ ‖

אציתו ושמעו הך הוה נביה רבה משה קעם ומוכח
לכל קהלה ואמר ממלל סגי מכן d) ממרים (ה)הייתם עם
ד׳ בחיי ואף כי אחרי מות(ד)י תהונו רב מכן שירתה דקרית
יתה ואציתו לה שומיה ושמעת ארעה מימרי פמי כן
אתה יהי תשמע ותצית אל מלי אה קהלה דנגדת׃ ואה
עמה דפרקת׃ ואה קהלה דקדש׃ ואה עמה דאתסג(י)ל

a) ך ist sehr undeutlich geschrieben. b) p. 206 b. c) Vor ‛
steht ein ausgestrichener Buchstabe. d) p. 207 a.

60) Zu diesem Bilde vgl. V M. 28, 24.

61) Eigentl. „der Mund". Zum Folg. siehe IV M. 24, 5; 6. —
Vor נ in כנות ist ein ג einzuschalten, wie der Bibeltext lehrt.

62) Unter רחותה verstehen die Samarit. die „Zeit der Gnade",
von 2794 bis 3054 reichend, d. i. vom Einzug in Palästina bis zum
Tode des Königs Simon; unter פנותה die „Zeit des Abfalls", im J.
3054 beginnend und noch heute fortdauernd. Vgl. Juynboll, Liber
Josuae, Capp. 38—42. — Gegen die Ansicht Kohns (Zur Literat. etc.
p. 50), dass פנותה nicht das Volk, sondern Gott zum Subjekt habe
und demgemäss „das Sichabwenden" sc. Gottes bedeutet, sprechen
die gleich folgenden Worte: ופאנה יתשכח בכל אתר und der Ausdruck
תריח im Satze: למה תריח פנותה תעבד בעקבאית יומיה (siehe p. 211 a),
die deutlich erkennen lassen, dass das Subjekt zu פנותה das Volk
sei. — אלה =: אלא.

deiner Gerechtigkeit bewohntest, der Zerstörung durch die
Sünden anheimfällt, dass es getroffen wird von dem Regen[60])
des Fluches, vernichtet wegen des Abfalles! Jakob, Vater der
Stämme der Gnade, wisse, dass die Stämme, welche von
dir erstanden sind, welche durch mich unter Gottes
mächtigem Beistand aus Aegypten befreit worden sind,
welche die Stimme vernommen haben, die aus dem Feuer
hinaus die zehn Worte rief, welche gesehen haben, was
ihretwegen geschah und wie verwandelt ward die Sprache[61])
des Bileam, so dass er sagte: „Wie gut sind deine
Zelte, Jakob, und deine Wohnungen, Israel! Wie Bäche,
die sich in grosser Pracht ergiessen, wie Gärten[61]) am
Strome in grosser Lieblichkeit, wie Zelte, die der Ewige
in Heiligkeit errichtet hat, wie Cedern am Wasser, hervorragend in den Luftraum" — alle jene Ruhmeserhebungen
werden aufhören während der „Zeit des Abfalls", und nach-
her wird die „Zeit der Gnade"[62]) verhüllt sein; mächtig
wird das Böse, zerstört der Tempel Gottes[62]), verunreinigt
der Gerisimberg und überall herrscht[63]) Abfall. Niemanden
wird es geben, der Gott verehrt."

Höret zu und vernehmet, wie der grosse Prophet da-
stand und das ganze Volk ermahnte, indem er ihnen also
vieles sagte: „Widerspenstig[64]) waret ihr gegen Gott zu
meinen Lebzeiten, und nach meinem Tode werdet ihr es
noch mehr sein[65]) als jetzt. Wie beim Liede, das ich gesungen habe, die Himmel zuhörten und die Erde meines
Mundes Worte vernahm, so höre auch du, wohlan, und
vernimm meine Worte, Volk, das ich geführt habe, Nation,
die ich befreit habe, Volk des Heiligen! Auserwählte

---

[63]) Die einen Stamm beginnenden Sibilantes treten bei der
Bildung der Verbalformen mit dem Präfix את im Samar. bald vor,
bald hinter das ת.

[64]) V M. 31, 27. Das erste ה in ההייתם ist zu streichen.

[65]) תהוה, von הוה „sein", ist nach Analogie der 3 p. imp. יהוו
(s. Uhlemann, a. a. O., p. 77 e) gebildet.

לא יאבד כשרני לגוֹך אה עמה דאתפרק מבית עבודתה

ביד רמה לא) יאבד כשרני לגוֹך כתר מותי שבילה

דאדם אנה אזל) געוֹז בה ולבי ומדעי מבלדין ממה דחזית

מן מרדכון וקדלֹנכֹון הקשה הך יהיה כתר (כתר) מותי

אתה אתקרית יומה עליוֹן על כל גויה הטר הן תתהפך

ותהי לרע כלה את אתקרית מלך וכהן וגוי קדש אלין

עקובהתה ממחקים בידך :‧ | הרנגריזום) ביתה דאלה

דאתחמדת) אסק לידה אדלא) מותי: אה יהושע: נגדך

לידה ואלעזר הכהן משמש עליו ומקרב: כל הדה בידך

יסטי ורוחותה מנך יתכסי וכשביל(ה) הנחש תלבון מה

כי אעבד ויום מותי אמטה מה בי אעבד אמר נביה רבה

משה וקרבי נציע בפרי דאכלנה אדם ויומי רוחתה דאלה

מכסיה בזכ ליתי שקיח לנוה הא לוי יתשקה כהן קדש

יסלח הך אהרן אחי: עד לא יתעמי נגף: הא לוי מתשקה

כהן קדש כות אלעזר יכפר לקהל: עד לא תסור רחותה

הא לוי יתשקה כהן כפינחס ברה יקום בקנאה עד לא

תכלה ימי רצונה: הא לוי זכאים פנין למרון בלבה' ונפשה'

a) א ist undeutlich geschrieben.   b) Das Wort steht über der
Zeile. c) p. 207 b. d) מ über der Zeile. e) Vor dem Worte steht
ein durchstrichener Buchstabe.

---

[66]) Ein בתר ist zu streichen.

[67]) רע = chald. ארע „unten", wovon ארעא „Erde" abgeleitet ist.
Vgl. hierzu die Worte קרא לרע אריא „er nannte das Untere Erde"
(Heidenheim, Bibliotheca samaritana, Stück XIV sub א 10) sowie
T. S. I M. 6, 16.

[68]) ארלא steht hier präpositionell; häufiger ist der Gebrauch des
Wortes als Konjunktion, vgl. p. 208 a g. E.

[69]) d. h. krummen, verkehrten Pfade; das ה von בשבילה, das
übrigens auf dem Rande steht, ist zu streichen, da das Wort im
status constr. steht.

[70]) Gemeint ist Levi, der Neffe des Babba-rabba, der den von
den Römern unterbrochenen Gottesdienst im Tempel auf dem Gerisim.

Nation! Nicht möge mein Ruhm in dir schwinden. Nation, die du mit erhobener Hand aus dem Sklavenhause befreit bist. Nicht möge mein Ruhm nach meinem Tode in dir schwinden. Indem ich den Pfad des Menschen betrete, auf ihm hinüberwandernd, bin ich erschrocken in Herz und Sinn durch alles, was ich von eurer Widerspenstigkeit und Hartnäckigkeit erlebt habe. Wie wird es nach [66]) meinem Tode sein? — Von dir sagt man heute, du seiest erhaben über alle Völker. Hüte dich, dass du umschlägst und zum Niedrigsten [67]) hinabsinkst; du wirst „König", „Priester" und „heiliges Volk" genannt. Diese Ruhmesbezeichnungen werden durch dich verschwinden. Nach dem Gerisimberg, in das Haus Gottes, wohin ich vor [68]) meinem Tode gelangen wollte, wohlan, Josua wird dich dorthin führen: Eleasar, der Priester, wird daselbst den Dienst verrichten und die Opfer darbringen. Alles dieses wird durch dich ein Ende haben, die Gnade verhüllt sich vor dir, und ihr werdet auf einem Schlangenpfade [69]) wandeln. Was kann ich thun?" Mein Todestag ist gekommen. Was kann ich thun? Es sprach der grosse Prophet Moses: „Mein Inneres ist überwunden infolge der Frucht, welche Adam verzehrt hat. Die Tage der Gnade werden verhüllt sein zur Zeit, wo ich nicht mehr lebe, doch Levi [70]) wird ja leben, der heilige Priester, gleich meinem Bruder Ahron wird er sühnen, damit keine Plage geschaut werde. Levi wird leben, der heilige Priester, gleich Eleasar wird er für das Volk sühnen, damit die Gnade nicht aufhöre, Levi wird leben, der heilige Priester, gleich dessen [sc. des Eleasar] Sohn Pinchas wird er sich eifervoll erheben, damit die Zeit des Wohlwollens nicht ende [71]); ja Levi, — die Frommen wenden sich mit Herz

---

berg wiederherstellte. Vgl. Liber Josuae Cap. 50; Heidenh., Vierteljahrsschrift etc., IV p. 210.

[71]) Die Worte רצונה ימי sind wie auf der folgenden Seite ימי רוחתה als Femin. Sg. konstruirt, indem das Wort רצונה resp רוחתה das Hauptgewicht erhielt und die Konstruktion bestimmte.

עד לא תתכסי ימי רצונה: הא לדי הוי אנה קעום ומתחנן[71])
ומשדל ומצלי: וידי פרוסין צית שומיה בדיל יומי רוחותה
עד לא תתכסי על סכית נביות אנה קעום עמי עבקי דריה
ומה יהי מנן ומה עתיד לון: הדה בסרתה דאנה מבסר
לך אה קהלה ביסרה מטיה לדרי שלמיה אמר נביה רבה
משה: אה קהלה טובך תשמע כל אהן ממללה דאנה
אמיר קדמיך תלתה זבנין אמר לי מרי אסק לידי וסלקת
במדע נביותה תרי (לוחיה) זבנין ואנדית לוחיה קדמאיה
ותניניה ובהדה אנה נסב חלקה דאגני ביד אדם [תרי] זבנין
סלקת: ונעתת הך דארשתי אלה ובהדה אנה סלק ולא
נחת והאנא אדלא אמות מבריכך בריכה מצלנ[ו]ה מישם
אלה סדר קהלה[b]) קמיו סדירין סדירין וערפל יוכח ויברך
פני מותה יעקב ומשה תריון אהן אוכה בזכו ואהן אוכח
בנכיו :·: |

יעקב צוה וברך תרי עסר בניו:·: | נביה רבה משה
צוה וברך שת מואן אלף: | יעקב ברך בניו בריכה כהלה
סקפן: | ומשה בריך קהלה כל שבט כדי בריכתה: יעק[ו]ב
ברך בניו איש כדי בריכתה: ומשה ברך בריכה כלה רבין:
וזאת הברכה אשר ברך משה מרבי בה שבטי יעקב: |

a) p. 208 a.   b) p. 208 b

[72]) סכית und weiter unten מדע entsprechen dem Worte גוף, das
in gleichen Verbindungen in der neuhebr. Sprache gebraucht wird.
— Statt עבקי l. עבקי.

[73]) Das Verb. מטה erscheint in der Regel mit א praefixum.
Dieses tritt im Samar. auch häufig vor Wörter mit nur einem Anfangs
consonannten, wie es bei dem einige Zeilen weiter folgenden Worte
אסק der Fall ist. Vgl Anm. 50.

[74]) לוחיה ist durch dasselbe Wort in der folg. Reihe hier irrtümlich hineingekommen und zu streichen.

[75]) Vor זבנין ist תרי zu ergänzen, wie der Gebrauch jenes Wortes
wen. Zln. vorher lehrt. Vgl. Uhlemann, a. a. O., p. 108.

[76]) וערפל für ויפל; das ר ist zu streichen.

[77]) Der Satz von יעקב bis סקפן ist mit dem Satze von יעקב bis

und Seele dem Herrn zu, dass nicht die Zeit des Wohlwollens verhüllt werde; ja Levi wird da sein! Ich aber
stehe da, flehe inständigst und, indem meine Hände sich
zum Himmel erheben, bete ich wegen der Tage der Gnade,
dass sie nicht verhüllt werden mögen. Mit prophetischem
Blicke [72]) schaue ich die Letzten [72]) der Geschlechter, was
aus ihnen wird und was sie treffen wird. Dieses ist die
Botschaft, welche ich dir, mein Volk, bringe, eine Botschaft,
welche die Geschlechter der Frommen erreichen wird [73]). Es
sprach der grosse Prophet Moses: „Es gereicht dir zum
Heile, mein Volk, wenn du hören wirst auf alle jene Worte,
welche ich zu dir gesprochen habe. Drei Mal sprach mein
Herr zu mir: „Steige [73]) zu mir herauf", und ich stieg
zwei [74]) Mal mit prophetischem Geiste hinauf und brachte
die Tafeln das erste und das zweite Mal. Jetzt aber wird
mir das Loos zu Teil, das in Adams Hand gelegt ist.
Zwei [75]) Mal stieg ich hinauf und kam wieder herab, wie
Gott mir erlaubte; dieses Mal aber steige ich hinauf, ohne
wieder herabzukommen. Doch will ich, bevor ich sterbe,
dir einen von Gott erflehten Segen erteilen." Er ordnete
das Volk vor sich, bis es in Reihen geordnet stand.
Geflissentlich [76]) ermahnte und segnete er sie vor seinem
Tode. Jakob und Moses, beide erteilten Mahnungen: jener
auf Grund der Frömmigkeit, dieser auf Grund der Propheten-
würde.

Jakob entbot seinen zwölf Söhnen den Segen. Der
grosse Prophet entbot sechshundert Tausenden den Segen.
Jakob gab seinen Söhnen einen Segen, jedem von ihnen
besonders. Moses [77]) gab dem Volke einen Segen, einem
jeden Stamme besonders. Jakob gab seinen Söhnen einen
Segen, voll von Ruhmeserhebung. Moses erteilte einen
Segen, voll von Verherrlichung.

„Dies ist der Segen, den Moses erteilte" — in ihm
verherrlichte er die Stämme Jakobs.

— — —

ברכתה bezüglich der Reihenfolge vom Abschreiber vertauscht worden.

וזאת הברכה‎a) אשר ברך משה פלג קמאי ורבה עקבאי
איש האלהים את בני ישרֵ לפני מותו נביה [ד]שררה
עקרי זכותה ויאמֵר ד' מסיני בה דכֵר יומה דבה קרא
עסרתי מליה ושעיר ופוראן דהוה שקיח לגין מן‎b) זרע
אברהם ואמטה בון מוחי יומה דחוריבה ואקים עליון
סהדיה בכן כד השתחוו: ולא אתו ליד קשטה‎:. ‎|

תורה צוה לנו משה בן עמרם ארוה קדישה מירתה
לקהל יעקב לדר בתר דר לא תכרת לעלם‎: | תורה צוה
לנו משה ברה דעמרם: ארוה קדישה יהיבה לעם קדש
מתפרש בישה דאלה‎:. | תורה צוה‎c) לנו משה ברה
דעמרם: מן אתימן על אוצר יהי עליו מטרנה תדיר: |
תורה צוה לנו משה בן עמרם: קראה לא טעי ואף שמועה
לא יטרף לעלם: | תורה צוה לנו משה כד חסל נביה
מהימנה מן ברכת קהלת יעקב שבטי ישראל צפה לכל
שבטיה ואנון קמיו מסתדרין עפל יפקד יתון ביתוב: אה
שבטי יעקב אה כוכבי רחותה אה עם ד' שמרו מצות
ד' וחקותיו ותורתיו ומשפטיו ולא תנשׁון יתון ולא תתנו

a) p. 209 a.   b) übergeschrieben.   c) p. 209 b.

78) Zu פלג vgl. Levy, Nhbr. Wörterbuch IV s. v. . Zur Sache
s. V M. 33, 1; 2. — Zu dem bald folgenden שררה ist vor שׁ ein ד
zu ergänzen. — בה steht für בא.

79) Am Berge Seïr wohnten Esaw und seine Nachkommen, die
Edomiter, vgl. I M. 36, 8; die Wüste Paran war der Wohnsitz
Ismaels, vgl. I. M. 21, 21.

80) Dieser Ausführung liegt die auch in jüdischen Midrasch-
werken vorkommende Erzählung zu Grunde, Gott habe, bevor er
Israel zum Gottesvolke erwählt hätte, den Edomitern und Ismaeliten
die Thora angeboten, sie aber hätten sich geweigert, die Gebote zu
halten. Vgl. Sifré zu V M. 33, 2. Zu סהדיה vgl. den Gebrauch
von עֵדוּת und עֵדִית im Hebräischen.

81) Zu תורה bis משה s. V M. 33, 4.

82) בישה = בישׁע.

„Dies ist der Segen, den Moses erteilte" — er, hervorragend[75]) unter den Ersten und gross unter den Letzten — „der Gottesmann den Kindern Israels vor seinem Tode" — er, der Prophet der Wahrheit[76]) den Stämmen der Frommen. „Und er sprach: Gott erscheint[78]) vom Sinai her" — er gedachte des Tages, an welchem Er die zehn Worte gerufen hatte, und des Seïr und Paran, auf welchen sich aufhielt von den Nachkommen Abrahams [ein Teil][79]). Er kam zu ihnen, um zu beleben den Tag des Horeb und stellte bei ihnen die Gesetze auf, aber sie zögerten und gelangten nicht zur Wahrheit[90]).

„Die Lehre gebot uns Moses, des Amram Sohn"[81]) — eine heilige Lehre, vererbt dem Volke Jakob für alle Geschlechter, niemals wird sie beseitigt werden. „Die Lehre gebot uns Moses, des Amram Sohn" — eine heilige Lehre, gegeben einem heiligen Volke, das ausgezeichnet ist durch die Hülfe Gottes[82]). „Die Lehre gebot uns Moses, des Amram Sohn", -- über dem (Volke), welchem der Schatz anvertraut, möge stets der Mond[83]) walten. „Die Lehre gebot uns Moses, des Amram Sohn" — wer sie liest, geht nicht fehl, und wer sie hört, wird niemals taumeln[84]). „Die Lehre gebot uns Moses." — Als der treue Prophet den Segen an das Volk Jakobs, die Stämme Israels, zu Ende geführt hatte, da fiel sein Blick auf die geordnet vor ihm stehenden Stämme. Sofort ermahnte er sie ihrer Würde gemäss[85]): „Wohlan, Stämme Jakobs, Sterne der Gnade, Volk Gottes, bewahret die Gebote Gottes, seine Satzungen, Lehren und Rechtsbestimmungen. Vergesset sie nicht und lasset es nicht dahin kommen, dass der Trieb des Abfalls euch beschleiche. Hütet euch davor,

---

[83]) Zu מטרנה und שמשה (p. 210b) vgl. Heidenheim, Biblioth. sam., Stück XXXVI.

[84]) Zu כרף vgl. Levy, Targ. Wtb. I s. v. II.

[85]) Vgl zu dieser Uebersetzung Castellus, Lex. heptagl., sub תוב. S. auch Anm. 138.

פנותה תיעל בוכון השמרו לכם פן יפתה לבבכם בני
בלעיל יקרי יתכון בישה בעקבאית[a]) יומיה.[86]) ׀ ⁙

וצפה אל אלעזר והוא שרי על ימינה ונשק צלמה
ואמר לה אה בר אחי אה חליפת ד' אה ירות כהנתה
רבתה: אה מתקומם על דיג כהנתה דירתה ועובדיך לנו
משכנה קדישה ואת מלוא בכן.[87]) ׀ ⁙

וצפה אל איתמר ואמר לה: אה בר אחי אתה כהן
(מ)משיח וביד מטראת כל לויאיה וכל מאני קדשה
עליך ועל אחוך כתיב בידי ויכהן אלעזר ואיתמר על פני
אהרן אביהם: שמר כהנתך וכל קדשיה דבידך ולא תסטי
מן שביל קשטה וזכי קנומך לדיאנה דלא נסיב אבים:[88]) —

וצפה אל פינחס והוא יתיב על שמאלה ובכה ונשק
ידו דנסב בה ית רמחה[b]) ודקר זנוה וזנותה ותלי רגזה מן
על ישראל[c]) ואמר לה אה בר בר אחי קנאתך גליה ביני
כל דריה כד תעמי אנש סטי קום אקטלנה כמה דעבדת
בזמרי וכזבית וחוית שת מואן אלף בקנאתך עם קנאת
מרה דעלמה: ׀

וצפה אל יהושע בן נון ואמר לה: אה משרתי אה
תלמידי חזק ואמץ אתה דתנגד זרע אברהם ובני יצחק
ושבטי יעקב: אתה תביא את העם הזה אל הארץ

a) p. 210a. b) ר steht über der Zeile. c) p. 210b.

---

[86]) Zu lesen ist בליעל, s. V M. 13, 14. Das Folgende ist ein
Citat aus V M. 31, 29.

[87]) Eine bei Marq. häufig wiederkehrende Phrase. Vgl. Baneth,
a. a. O., p. 46: וקבלה נביה הות מלוא באהן איקרה מן שריו מולדה עבראי
„und es empfing sie (die Schrift) der Prophet, der zu dieser Ehre
bestimmt war vom Uranfang des hebräischen Stammes.“

[88]) Ein מ ist zu streichen.

[89]) Vgl. II M. 38, 21; IV M. 4, 28, 33; 7, 8. — Zum Folgenden
IV M. 3, 4.

[90]) Vgl. IV M. 25, 8, 14, 15.

dass euer Herz betört werde. Ihr leichtsinnigen [86]) Menschen!
Böses wird euch treffen am Ende der Tage.

Sein Blick fiel auf Eleasar, der an seiner rechten
Seite weilte. Er küsste sein Antlitz und sprach zu ihm:
„Du, mein Brudersohn, der du für Gott eingetreten bist,
der du die Hohepriesterwürde geerbt hast, du stehest
auf dem ererbten Priesterrange, und deine Handlungen
vollziehest du im Tempel; du aber bist reich [sc. an
Ehren]“ [87]).

Sein Blick fiel auf Ithamar, und er sprach zu ihm:
„Du, mein Brudersohn, bist gesalbter [88]) Priester, in deiner
Hand [89]) liegt die Obhut über alle Leviten und alle Gefässe
des Heiligtums. Ueber dich und deinen Bruder ist von
mir geschrieben: „Es verrichteten Eleasar und Ithamar vor
ihrem Vater Ahron die Priesterdienste." Bewahre deine
Priesterwürde sowie alle die heiligen Gegenstände, die dir
anvertraut sind. Weiche nicht ab vom Pfade der Wahrheit
und sei bestrebt, gerecht zu erscheinen vor dem Richter,
der Niemandes Antlitz achtet."

Sein Blick fiel auf Pinchas, der ihm zur Linken sass.
Weinend küsste er dessen Hand, mit der er die Lanze
genommen, den Buhler und die Buhlerin durchbohrt und
den Zorn von Israel abgewendet hatte. Er sprach zu ihm:
„Dein Eifer, Enkelsohn meines Bruders, ist bekannt in allen
Geschlechtern. Wenn du jemanden siehst, der abgefallen
ist, so erhebe dich und töte ihn, wie du es mit Simri und
Kosbith [90]) gethan und so sechshundert Tausenden das
Leben erhalten hast, durch deinen Eifer zugleich mit dem
Eifer des Weltenherrn."

Sein Blick fiel auf Josua, den Sohn des Nun, und er
sprach zu ihm: „Sei stark, mein Diener, mein Schüler,
und mutig; bist du es ja, der die Nachkommen Abrahams,
die Söhne Isaaks und die Stämme Jakobs leiten wird; du
wirst [91]) dieses Volk in das zugeschworene Land der Frommen

[91]) V M. 31, 23.

שבואתה‎a‎) דזכותה: שמשה מנירה לך וד' ההלך לפניך
הוא יהיה עמך ומן דאלה עמה לית כלום מבה לה: אל
תירא ואל תחת חתמת ממללה עם יהושע מן דאלה
עמה ממן ידחל‎:·‎ |

אה כל ביתה דלוי טרו כנותיכון‎b‎) וכל‎c‎) קדשיה
דבאדיכון אתון תשכילו דיניה ליעקב ותורתיה ‎.‎לישראל
חקי ד' אתון נסובין ואכלין בכל אתר אתון ובתיכון הלא
אגר הוא לוכון קדשה לת תחללו תמותי בכן: אתפוררו
למה תתריח פנותה תעבד בעקבעית יומיה‎:·‎ |

אה נסיאה שבטיה אזהרו: שלם תסטון מן תחומיכם
דקבעת לוכון יסתר כל בנינה וישרי רגזה: |

אה דיניה: תתנטרו הן תסטו בדין ותסבו ממון ותתלו
אפים וסהדי שקרה לא תגיבון וסהד אחד על נפש למות
לא יתגב ואגיכו ית קשטה כמה דאמר אלה בזכו תדין
צדק‎d‎): צדיק לבדיל תתוחי‎:·‎ |

אה ספריה אלפו קהלה יטרו מצותה‎e‎) וגזריה ודיניה
ותורהתה דפקד ד' על ידי‎[‎ו‎]‎: וכל מן לה דרג הוא ממן
והדה החחתמה עמוכון סליק אנה אל טור נבא לא תסכון
דאני נחת עד לעלם:

a) ‎ו‎ über der Zeile.   b) ‎ת‎ über der Zeile.   c) p. 211 a.   d) Das
Zeichen ‎˂‎ über ‎ד‎ ist sehr undeut‎l‎ich.   e) p. 211 b.

[92]) Vgl. Anm. 83. Zu ‎אל תירא‎ V M. 1, 21; Jos. 8, 1.

[93]) Hier scheint derselbe Stamm vorzuliegen wie Esra 4, 7
in dem Worte ‎כנותי‎.

[94]) Vgl. zum Folgenden T. S. III M. 18, 31, u. 32.

[95]) Statt ‎לת‎ l. ‎לא‎; ‎א‎ und ‎ת‎ sind in der samarit. Schreibweise
sehr ähnlich.

[96]) Diese Bedeutung des Ethp. von ‎פרר‎ scheint aus einer anderen
Stelle in B. hervorzugehen; p. 86a heisst es nämlich: ‎אנשה אתפוררו‎
‎כמה דאתעבד לשבטיה ואלפו לשלמה‎ „Menschen! Ueberleget, was den
Stämmen geschehen ist, und lernet das Wohlergehen kennen."

[97]) Zu ‎תתריח‎ = ‎תתרחי‎ s. Castellus, Lex. hept. s. v.

bringen. Die Sonne[92]) möge dir leuchten. und der Gott, der dir vorangeht, er wird mit dir sein. Wem Gott zur Seite ist, den trifft kein Schaden. Fürchte dich nicht und sei nicht zaghaft." Das Letzte der Worte, welche an Josua gerichtet waren, ist: „Wem Gott zur Seite ist, vor wem braucht der sich zu fürchten?"

„Wohlan, ganzes Haus Levi, bewahret eure Abteilungen[93]) und alle heiligen Dinge, die in euren Händen sind. Ihr sollet Jakob die Bestimmungen und Israel die Gesetze lehren. Den[94]) Gottesanteil empfanget und verzehret ihr. An jedem Orte weilet ihr und eure Familien; ist das nicht euer Lohn? Entweihet nicht[95]) das Heiligtum, sonst werdet ihr sterben. Ueberleget[96]). wozu nützt[97]) der Abfall. der am Ende der Tage stattfinden wird?"

„Seid auf eurer Hut. ihr Fürsten[98]) der Stämme, gar sehr; entfernet ihr den Frieden von eurem Gebiet. das ich euch angewiesen habe, so wird der ganze Bau vernichtet werden und Zorn entstehen.

„Hütet euch, ihr Richter, davor, dass ihr beim Gerichte abweichet [sc. von der Wahrheit]. Geld annehmet oder jemandes Antlitz hochschätzet. Lügenhafte Zeugen sollt ihr nicht vernehmen[99]); ein Zeuge soll bei der Verhandlung über die Tötung eines Menschen nicht vernommen werden. Gebet ein wahres Urteil ab, wie Gott gesagt hat: „In Wahrheit urteile gerecht, damit du lebest."

„Lehret. ihr Schriftgelehrten, das Volk, dass es die Gebote, Gesetze, Bestimmungen und Lehren bewahre, die Gott durch mich gegeben hat." — Jeder, der einen besonderen Rang einnahm, wurde ermahnt. So schloss er: „Mit euch steige ich hinan zum Berge Nebo; doch werdet ihr nicht sehen, dass ich jemals herabkommen werde."

---

[98]) Statt נסיאה ist נסיאי zu lesen.

[99]) גוב hat dieselben Bedeutungen wie das hebr. ענה. 1· antworten, 2) anhören.

אה גרשם ואליעזר תרי בניה: דמני עליכון מני השלם
לעלם: וכל קהלה קעום קדמיו ודמעיה מן עיניו הך
שהקים נאזלים לא על קנומה אלא על קהלה דו ידע
דאנון סטין: הך דאמר הנך שכב וקם העם הזה וכלה: ‖

וכד חסל נביה רבה משה מן פקודה לקהלה קעם
על רגליו ועמה שת מואן דאלף ונשיון ובניו וטפליון
סדירין אזדזע עלמה שעתה דקעם על רגליו והלך בעי
יסק אל טור נבא וימות והוה אלעז(ע)ר כהנה צעד בימינה ⁿ)
ופינחם ברה צעד ᵇ) בשמאלה: ואיתמר ויהושע וכל בית
כהנתה (ה)הלכים קמיו בבכיה רבה: שעתה דאמטה נביה
רבה משה אל שפולי טור נבא: אתקדמו כל שבטיה
לידה שבט בתר שבט ונשקו אדה ויהבו לו שלמה וכל
קהל ישראל אחד בתר אחד עד אתסכמו כל קהלה:
נגש אלעזר ואיתמר ופינחם לידה ונפנו יתה ונשקו ית
צלמה ויהבו לה שלמה ובתר כן אתקדם יהושע בן נון
משרתה ונשק צלמה ונען על רגליו ואמר: ‖

שלם עליך אה מהמין בית אלהים: ‖ שלם עליך אה
כרי נביותה: ‖ שלם עליך אה מן קרע שגביה: ‖ שלם
עליך ᶜ) אה מן דרם לגו אש: ‖ שלם עליך אה מן נגש
לערפלה: ‖ שלם עליך אה לבוש קרן אורה ᵈ): ‖ שלם
עליך אה מקבל תרי לוחיה: ‖ שלם עליך אה מן מללה

---

a) p. 212a.   b) צ über einem ausgestrichenen Buchstaben.
c) p. 212b.   d) ו über der Zeile.

---

¹⁰⁰) שהקים = שחקים. Zum folg. Citat vgl. V M. 31, 16.

¹⁰¹) In ההלכים ist ein ה zu streichen.

¹⁰²) גפנו s. v. a. גפפו, vgl. Levy, T. W. sub. גפן Ende.

¹⁰³) Statt מהמין steht sonst מהימן.

¹⁰⁴ שגביה bed. nicht „loca munita", wie Gesenius übersetzt
(Carmina sam. p. 104), sondern „Wolken", vergl. Kirchheim,
Karme Schomron, Frankfurt a. M. 1851, p. 105. Das entsprechende

„Gerschom und Elieser, meine beiden Söhne, den
Frieden entbiete ich euch für alle Zeiten." — Das ganze
Volk stand vor ihm, während seinen Augen die Thränen
Wolken[100]) gleich entströmten, nicht seinetwegen, sondern
wegen des Volkes, denn er wusste, dass sie abfallen würden,
wie Er gesagt hatte: „Siehe, wenn du schon im Grabe
liegst, wird dieses Volk sich erheben und zu Grunde gehen."

Als der grosse Prophet Moses die Mahnung an das
Volk beendet hatte, stellte er sich auf seine Füsse und sah
die sechshundert Tausenden und ihre Frauen, sowie seine
Söhne mit ihren Kindern in geordneten Scharen. Die
Welt wurde erschüttert in dem Augenblicke, da er sich
erhob und ging, um den Berg Nebo zu besteigen und
zu sterben. Der Priester Eleasar schritt ihm zur Rechten
und dessen Sohn Pinchas zur Linken; Ithamar und
Josua und die ganze Priesterschaft schritten[101]) vor ihm
einher unter vielen Thränen. Als der grosse Prophet Moses
an dem Fuss des Berges Nebo angelangt war, traten alle
Stämme zu ihm hervor, einer nach dem andern, küssten
seine Hand und boten ihm den Friedensgruss und so das ganze
Volk Israel, einer nach dem andern, bis es zu Ende war. Dann
traten Eleasar, Ithamar und Pinchas zu ihm, umarmten[102])
ihn, küssten sein Antlitz und boten ihm den Friedensgruss. Hierauf trat Josua, der Sohn des Nun, sein Diener,
hervor, küsste sein Antlitz, fiel ihm zu Füssen und sprach:

„Friede mit dir, Vertrauter[103]) des Gotteshauses!
Friede mit dir, Begründer der Prophetie! Friede mit dir,
der die Wolken[104]) durchbrochen hat! Friede mit dir,
der in das Feuer getreten ist! Friede mit dir, der
das Gewölk betrat! Friede mit dir, dessen Haut[105])
leuchtete! Friede mit dir, zu dem Gott von Mund zu

Wort findet sich in Liber Josuae Cap. 7, wozu Einl. p. 4 zu vergleichen ist.

[105]) Vgl. II M. 34, 29. — אורה = יְעוֹרָה. — Zum Folgenden
vgl. IV M. 12, 8.

ד' פה אל פה במראה ולא בחידות: | שלם עליך אה מן
לא קעם כותה ולא יקום לעלם: אה רבון דנבייה קשה
עלי פרוקך יומה: בתר כן תלא נבייה רבה משה קלה
ואמר אה קהלה הוו בשלם הוו בשלם בתר דן יומה
ליתי מסב ומתן עמוכון לעלם: וכד שמע קהלה אהן
ממללה אתעצב עליו עד מותר ותלא קלה בבכי ואמר: | •

בחייך אה שליח(י)ה דאלה כתר עמן שעה: | בחייך:
אה‏a) מחתם נבייה קם עמנו ציעבד ואלה כרז בכסי זרז: |
בחייך אה נבייה רבה משה כתר עמן שעה חדה: ומרה
כרז בכסי לית הוה מורכה: | בחייך אה נבייה רבה לא‏b)
תלך עמן עמן שעה: ומלאבי שומיה ברזין אה משה
זרז: | כד אתקשט קהלה אהן דברה אמרו כהלון אזל
שלם אה נבייה: אזל שלם אה פרוקן: אזל שלם אה
יקירה אזל שלם אה מימנה אזל שלם אה אהן: כסיאתה
שלם לך אה כליל זכאי עלמה: שלם לך אה בוצין
נבויתה אתהי דלא קם מן אדם כותך ולא יקום לעלם
בהדרה שעתה אתה אזל ממן ולינן עמין לך בתר כן אוי
לקהלה‏c) מכתרך מן יצלי בתרך בדילון וישא רגזה ממן:
השלם עליך ממן עד לעלם: וסלק נבייה רבה משה ברבו
רבא אל טור נבא מכל‏לל] באורה וכל חילי מלאבי רומה
מזדיניו לזימונה שעתה דאפרש מן קהלה ועפל במסוקה:
צבע קהל ישראל צבעה רבה: מרירה עד מותר בבכיה

a) p. 213a. b) א undeutlich. c) p. 213b.

---

[106]) Das zweite י von שליחיה ist zu streichen.

[107]) Statt ציעבד l. ציבעד, in welcher Schreibart das Wort in der Folge häufig vorkommt.

[108]) אתקשט ist denom. von קשטה „Wahrheit".

[109]) In בדילון ist das ו nach Analogie von ממן zu streichen.— In בב‏ל, einige Zeilen weiter, fehlt das zweite ל.

[110]) זין entspricht dem hebr. חלק, vgl. IV M. 32, 17 und T. S. zu dieser Stelle.

Mund sprach, in Erscheinungen, nicht in Rätseln. — Friede
mit dir, dessengleichen niemals es gegeben hat oder
geben wird! Herr der Propheten! Schwer wird mir heute
dein Scheiden! — Sodann erhob der grosse Prophet Moses
seine Stimme und sprach: „Lebt in Frieden, mein Volk,
lebt in Frieden! Nach dem heutigen Tage werde ich
nimmermehr unter euch verkehren." Als das Volk jenes
Wort vernahm, befiel es unendlicher Schmerz; weinend hub
es an und sprach:

„Bei deinem Leben, Bote [106]) Gottes. verharre bei
uns noch einen Augenblick!" „Bei deinem Leben, letzter
der Propheten, weile bei uns noch ein wenig [107])!" Gott
aber rief im Verborgenen: „Eile". „Bei deinem Leben,
grosser Prophet Moses, verharre bei uns nur noch einen
Augenblick!" Der Herr aber rief im Verborgenen: „Kein
Verzug mehr". Bei deinem Leben, grosser Prophet, gehe
nicht, verbleibe bei uns noch eine Zeit lang." Doch die
Himmelsengel riefen: „Eile, Moses!"

Als das Volk sich dieses Wort zu Bewusstsein gebracht hatte [108]), da riefen alle: „Gehe hin in Frieden,
Prophet! Gehe hin in Frieden, unser Befreier! Gehe
hin in Frieden, Ehrenvoller! Gehe hin in Frieden, Treuer!
Gehe hin in Frieden, der du weiltest, wo das Verborgene
ist! Friede sei mit dir, du Krone der Gerechten der
Welt! Friede sei mit dir, Leuchte der Propheten! Du
bist es, dessengleichen unter Menschen nicht entstanden
ist oder entstehen wird. In diesem Augenblick gehst du
von uns. und wir können dich nicht mehr sehen! Wehe
über das Volk, das dich überlebt! Wer wird nach deinem
Tode für uns [109]) beten? Wer den Zorn von uns abwenden?
Frieden bieten wir dir für alle Zeiten!" — Nun bestieg
der grosse Prophet Moses in grosser Pracht den Berg Nebo,
vom Lichte gekrönt [109]). Alle Engelscharen der Höhe
rüsteten sich und zogen [110]) ihm entgegen. Als er das Volk
verliess und beabsichtigte hinaufzusteigen, da erhob das
Volk Israel ein grosses, unsäglich jammervolles Geschrei,

סלקה אל שומיה והוא סליק ציבעד ומשתא׳ם לאחריו
ועיניו מכך מנון דמעין כות מטר שומיה על קהלה בתרה:
והו סליק ציבעד ומסתכל אחריו כות ילידה לה ברים
ינוקים לית לה בתרה מן יחם עליון והו סל׳ק צ׳בעד
ומסתכל אחריו ומברך לקהלה בבכרתה דפרט יתה עליון
בטור סיני: ד׳ אלהה דאבהתכון יוזף עליכון דמותכון אלף
זבנין ויברך יתכון‏a‎) כמד מלל לוכון והוא סליק ציבעד
ונפשה חדיה לזימון מרה ומשתאם אל רישה דטורה וצפה
מלאכי רומה מכונין לקדמונה כד אמטה נביה רבה משה
אל רישה אל טור נבא וחזה טורי מלאכיה שרין תמן
לזימונה וכל קהל ישראל מלרע עיניכון‏b‎) עמה וממו דהוו
עגלין יתה כן הוא הוה עגל יתון מרירה שעתה דבה עלל
נביה רבה משה לגו עננה והשגב כות מאור וכד אתכסי
נביהר בה משה מן עיני קהל ישראל הוה כל אחד מנון

a) p. 214a. b) Das erste י und ו über der Zeile; unter ו steht
ein ausgestrichener Buchstabe.

[111]) מכך wird von Castellus (Lex. hept. s. v.) unter Verweisung
auf T. S. I M. 48, 17 mit „repressit" und u. V. auf III M. 19, 15
mit „honoravit" übersetzt. Zur ersten Uebersetzung vgl. Kohn, Zur
Lit. etc., p. 159. Gegen die zweite Uebersetzung spricht 1) der
Gebrauch von מכך in den übrigen verwandten Dialekten, wo es
„niederstrecken, demütigen" oder intr. „sich demütigen" bedeutet;
2) der Umstand, dass das masor. הדר, dem in diesem Verse das sam.
מכך entspricht, in V. 32 desselben Capitels nicht wieder durch מכך
übersetzt ist, sondern durch יקר, zu welcher Abänderung nach C.'s
Auffassung kein Grund vorlag; 3) die sam. Uebersetzung von II
M. 23, 3. Für das masor. ודל לא תהדר בריבו „den Armen sollst du
nicht ehren bei seinem Streite (scil. aus Mitleid)" hat nämlich der
Samaritaner gesetzt: ומסכין לא תרדי בתיגרה „den Armen sollst du nicht
unterdrücken bei seinem Streite". Indem daraus folgt, dass
der Sam. nur die Möglichkeit im Auge hatte, dass der Bedürftige
durch seine Armut Nachteil und der Besitzende Vorteil erhalte,
nicht aber umgekehrt, wie es doch der masor. Text besagt, ergiebt sich
gleichzeitig, dass die sam. Paraphrase zu Levit. 19, 15 zu übersetzen
sei: „Du sollst dich nicht demütigen vor dem Grossen." Dieser Auffassung entspricht die Uebersetzung des vorhergehenden לא תשא פני דל

und das Weinen drang zum Himmel empor. Nachdem er ein wenig emporgestiegen war, schaute er sich um, während aus seinen Augen die Thränen gleich dem Regen des Himmels sich hinabsenkten [111]) wegen des zurückbleibenden Volkes; sodann ging er wieder ein wenig und blickte nach hinten, gleich einer Mutter, welche Säuglinge hat und niemanden findet, der an ihrer Statt für sie sorgt. Er stieg etwas empor und blickte hinter sich, indem er dem Volke den Segen [112]) erteilte, welchen er auf dem Berge Sinai über sie ausgesprochen hatte: „Der Ewige, der Gott eurer Väter, vermehre euch um das Tausendfache und segne euch, wie er zu euch gesprochen." Er ging wieder ein wenig empor, indem er sich über die Begegnung mit Gott freute, richtete seinen Blick nach dem Gipfel des Berges und schaute die Engel der Höhe sich gegenüber aufgestellt. Als der grosse Prophet Moses den Gipfel des Berges Nebo erreicht hatte, da erblickte er die Reihen der Engel, welche dort ihm gegenüber weilten; und die Augen eines Jeden vom Volke Israel unten hafteten an ihm; wie [113]) sie ihn schauten, so schaute er sie. Bitter war der Augenblick, in welchem der grosse Prophet Moses in die Wolke trat und von ihr verhüllt wurde, wie das Licht. Als der grosse Prophet Moses den Augen des Volkes Israel entrückt war, da war ein jeder

---

mit מסכין קדם תתלי לא „du sollst dich nicht erheben vor dem Armen". כבב behält dann die Bedeutung des gleichen Stammes in den verwandten Dialekten, und der Grund der Verschiedenheit der Uebersetzung dieses Wortes in V. 15 u. V. 32 ist offenbar. Zwischen חסבכך und רו ist קרם einzuschalten, womit der entsprechende hebr. Ausdruck כם auch kurz vorher übersetzt ist (Vgl. Uhlemann, Gram. sam.. Lexic. s. v.). Nach C.'s Auffassung müsste קרם mit „Antlitz" übersetzt werden, während dieses Wort im T. S. sonst nur für die Präposition „vor" gebraucht wird, für „Antlitz" dagegen אפי steht. — An unserer Stelle wird כבם bildlich von den sich hinabsenkenden Thränen gebraucht

[112]) Statt בבברתת ist בבברתת zu lesen. — Zur Sache vgl. V M. 1, 11.

[113]) Das erste כ in וכמו ist irrtümlich statt des sehr ähnlichen כ gesetzt worden.

מציק ובכי והזה כהלון אמרים דן לדן אתכסה משה נבי
שלם עליו מנן לעלם: מן רבה איעשה דהוה בין קהלה
כהלון קעמין בגנו רבה ואמרין בקול רם אזל נביה רבה
משה מבינינן אוי עלינן וצבעתון סלקה אל שומיה דכל
מנון אמור ודמע עיניו ערף כמטר:‎ ‏|‎•‏ ‏

חסלך‎ a) אה כלילון דזכאי: חסלך אה פריוק עב־אי:
חסלך אה מקים רצונא: חסלך אה מגלי סימניה: חסלך
אה מקבל לוחיה: חסלך אה מהימן בית אלהים: חסלך
אה מן קרע שנביה‎ b)‏: חסלך אה מן דרם לגו אשתה:
חסלך אה איש האלהים: חסלך אה מן אזדעק אלהים:
חסלך אה מן מללה אלה פה אל פה חסלך אה‎ c) מן קרן
עור פניו: חסלך אה מן אשתמע קלה עם קל אלה:
חסלך אה מן אנדה חיים לדריה לעלם: מן בתרך מצלי
בדילן:‎•‏ מן בתרך יכפר בעד חובינן: מן בתרך יחם עלינן:
מן בתרך יטפי אשתה‎ d) דרגזה מעלינן:

כל הדה בין ישראל ומלאבי שומיה חדין במקדומה
ונחתין מן מעונה רמה אל מוקרה כל גבוראתה שרו על
טור נבא הך מה דאמרן עבודון דו מהימנה נאמנה כבודה

---

a) 214b. b) ג über einem ausgestrichenen Buchstaben. c) p. 215a.
d) ת über der Zeile.

---

[114]) איעשה = יאושה „Verzweiflung" (Levy, Targ. Wörtb. p. 324).

[115]) Vgl. V. M. 32, 2.

[116]) חסלך kann hier nicht in dem Sinn gebraucht sein, wie es im
T. S. vorkommt, nämlich „fern sei es von dir" (vgl. T. S. I M. 18,25),
sondern ist von dem Subst. חסלה „das Ende" abzuleiten, und unter
Ergänzung eines Verbums wie בא oder אתא zu übersetzen: „Dein
Ende ist gekommen".

[117]) Vgl. hierzu Anm. 20.

[118]) D. i. das göttliche Gesetz, das ספר דחיים, wie es in den
Precationes angelorum (Petermann, Gr. sam., Chrest. p. 20)
genannt wird.

von ihnen bedrückt und vergoss Thränen: alle sagten. der
eine zum andern: „Entrückt ist uns der Prophet Moses
— über ihm sei der Friede! — für alle Zeiten". Wie
gross war die Verzweiflung[114]) im Volke! Alle standen in
grossem Kummer und sprachen mit erhobener Stimme:
„Der grosse Prophet Moses ist aus unserer Mitte gegangen.
Wehe über uns!" Ihr Geschrei drang zum Himmel empor,
denn ein jeder von ihnen sprach, indem die Thränen seiner
Augen wie Regen trieften:[115])

Dein Ende[116]) ist gekommen, Krone der Frommen!
Dein Ende ist gekommen, Befreier der Hebräer! Dein
Ende ist gekommen, Begründer der Gnadenzeit! Dein
Ende ist gekommen, Stifter von Wunderzeichen! Dein Ende
ist gekommen, der du die Tafeln empfangen hast! Dein
Ende ist gekommen, Vertrauter des Gotteshauses! Dein
Ende ist gekommen, der du die Wolken gespalten hast!
Dein Ende ist gekommen, der du ins Feuer getreten bist!
Dein Ende ist gekommen, Mann Gottes! Dein Ende ist
gekommen, der du genannt warst: „Gott"[117]). Dein Ende
ist gekommen, du, mit dem Gott von Mund zu Mund redete!
Dein Ende ist gekommen, du, dessen Antlitz Licht ausstrahlte!
Dein Ende ist gekommen, du, dessen Stimme zugleich mit
Gottes Stimme gehört ward! Dein Ende ist gekommen,
du, der das Leben[118]) gebracht hat den Geschlechtern für
ewige Zeiten. Wer betet nach deinem Tode für uns! Wer
sühnt nach dir unsere Schuld? Wer sorgt nach deinem
Tode für uns? Wer wird nach deinem Tode des Zornes
Flamme von uns abwehren?"

All dieses geschah in Israel; die Himmelsengel aber
freuten sich damit, ihm entgegenzugehen; von der erhabenen
Stätte kamen sie zu seiner Ehre hinab. Alle Mächte weilten
auf dem Berg Nebo. wie es ihnen ihr Schöpfer geboten
hatte; denn er war sein treuer Vertrauter. Kabod näherte
sich ihm und umarmte ihn; alle Mächte. die verborgenen

קרב לה ואנפפה כל חילי כסיאתה וגליהתה אתו למוקר
משה אישה:• |

מיה אוקרנה‎a) שבע זבנין לנו מימי נהרה אטלק מן
נהרה עבד דם מימי ימה פלג באטרה מי מרה המתק‎b)
בטרף מי בורה כתב באדה כמי כיורה סחה וספרותה
ד(א)מיה למיה יתרבי לעלם דן נביה דאוקרתה כל
בוראיה :• |

שומיה אוקרותה שבעה זבנין חכם על שרוי כתבה
שרוי כל בריאתה רגם דבביו מן שומיה בברדה דנחת
על מצראי כבש מרודיה מן שומיה בזבן דעבד סימן
חשכה: צלותה אמכות‎c) מנה מן שומיה ברכו רבה על
רישה דטור סיני כתב ברכתון (ד)שומיה ונתן מטר ארצך
בעתו אציתו אל מליו שומיה כד אמר האזינו השמי[ם]
ואדברה יתרבי לעלם דן אורה דאניר מן עמרם וייוכבד:• |

ארעה‎d) אוקרת יתה שבע זבנין כתב על שרוי בראשית
והארץ היתה תהו ובהו ארתת ארעה בדילה ביומה תליתה
הך מה (ד)כתב בארהותה ויחרד כל האר מאד כתב
אמנות ארעה ותהב עללאתה ארעה ובלעת דבביו
הך דאכתיב ותפתח הארץ את פיה ותבלע אתם ואת
בתיהם אסתקף על כל בניו דאדם הך מה דאכתיב והאיש
משה ענו מאד מכל האדם אשר על פני האדמה: ירום

---

a) p. 215b.   b) ת steht über dem irrtümlich nicht gestrichenen
Buchstaben ש.   c) ת durch Radiruug undeutlich.   d) p. 216a.

[119]) Vgl. zu dem Ausdruck איש II M. 32, 1, 23.

[120]) Zur Zahl 7 in der späteren Legende über Moses vgl.
Heidenheim, Bibl. Sam. II 19. Im Talm. Kidduscb. 38a wird nach-
gewiesen, dass der siebente Adar der Geburts- u. Todestag Moses' sei.

[121]) D. i. das Gesetz vom Wasser der Aufklärung, welches das
in Verdacht der Untreue gekommene Eheweib trinken musste, vgl.
IV M. 5, 11 sq.

[122]) Vor שומיה fehlt ein ד.

[123]) Vgl. V M. 23, 1.

und offenbaren, kamen, um den Mann[119]) Moses zu ver-
herrlichen.

Das Meer rühmte ihn sieben[120]) Mal: „In das Wasser
des Stromes ward er geworfen; den Strom verwandelte er
in Blut; die Gewässer des Meeres spaltete er mit seinem
Stabe; das Wasser der Bitternis versüsste er durch Schlagen;
„Aufklärungswasser"[121]) schrieb er mit seiner Hand; mit
dem Wasser des Beckens wusch er, und seine Schrift gleicht
dem Wasser. Verherrlicht werde stets jener Prophet, den
alle Wesen verehren!"

Der Himmel rühmte ihn sieben Mal: „Er lehrte am
Anfang der Schrift das erste aller Geschöpfe; er steinigte
seine Feinde vom Himmel herab durch den Hagel, der über
die Aegypter fiel; er unterdrückte vom Himmel her die
Widerspenstigen zu der Zeit, da er das Wunder der
Finsternis vollbrachte; sein Gebet brachte das Mannah in
grosser Menge vom Himmel hinab; auf dem Gipfel des Berges
Sinai schrieb er den Segen des Himmels[122]): „Er sendet
den Regen deines Landes zur rechten Zeit"; es hörte auf
seine Worte der Himmel, als er sprach: „Höre, Himmel,
ich will reden"[123]). Ewig werde dies Licht verherrlicht, das
von Amram und Jauchebed ausstrahlte!"

Die Erde rühmte ihn sieben Mal: „Er schrieb an den
Anfang des Schöpfungsbuches: „Und die Erde war wüst und
öde"; die Erde war seinetwegen am dritten Tage erschüttert,
wie er in der Lehre geschrieben hat: „Und es erbebte
sehr der ganze Berg[124]); er schrieb von der Kunst der
Erde: „Und die Erde brachte Ertrag hervor"[125]); sie verschlang seine Feinde, wie geschrieben steht: „Es öffnete
die Erde ihren Schlund und verschlang sie und ihre Häuser";
er erhob sich über alle Menschensöhne, wie geschrieben
steht: „Der Mann Moses war sehr bescheiden, mehr als
alle Menschen, die auf dem Erdboden weilten"; es werde

---

[124]) ההר = האר.

[125]) הכב von ותהב = syr. ܗܒ.

דן נכיה רבה משה דאמר לה מרה דעלמה על־ה אל הר
העברים‏a‎) וסלק אל טור נבא ויחזינה ד' את כל ארעא
דאה סימן רב לה כותה: ארעה כד חזת שומיה מציתה
למליו בדחלת דחלת ושמעת למ(י)ליו במה [ד]אמר
ותמשק ארעה מימרי פמי כל אהן אתעב לנכיה רבה
משה דלית אנט מכל בניו דאדם דמי לה לעלם: ‏|‎

אשתה‏b‎): אוקרתה שבע זבנין שרוי עבוד אשתה לה
בטור סיני בשריו נביותה בגו סיניה הגלת לה ואזדעק מנה
בשם כפל משה משה סימן חיול לית כותה הזה בעלמה
ולא יהי ומן אשתה אזדעק בצפר יום חוריבה מן ריש
טור סיני בסהדות שת מואן אלף: ואשת להבה עד לבב
השמים כמה דאמר והר בער באש עד לבב השמים
ודרס לגוה ברגליו ולא אתנכי מנה והוא כתי רגליו כות
צמחה עליו טל שומיה ולגו משכנה קדישה כד הקרב
קרבנה כהן לאהרן ולבניו יצאת' מקדם ד' ואס'פת על
מדכחה כל מה דעבד ושבח וסגד למרה דעלמה עבוד
כל תמחיה: ‏|‎

a) Zwischen העברים und וסלק steht das ausgestrichene Wort הזה,
das im masoretischen Texte an dieser Stelle sich befindet. b) p. 216 b.

────────────

¹²⁶) Statt לה ist zu lesen לא. — Einige Zeilen weiter ist vor
אמר der Buchstabe ד zu ergänzen, der auf כמה regelmässig folgt.
¹²⁷) ותמשק ist verschrieben für ותשמק. Das ק scheint nicht mit
ע verwechselt und ein „consequent beibehaltener Fehler" zu sein,
wie Kohn (Zur Liter. etc. p. 107) behauptet, da der Wechsel von ע
und ק auch in anderen Dialekten vorkommt. Vgl. Nöldecke,
Mandäische Grt. § 66; auch Jerem. 10, 11: ארקא = ארעא.
¹²⁸) אתיהב = אתהב; אתעב für אתיהב.
¹²⁹) גלה bedeutet in B. ausser „offenbaren" auch „machen",
entsprechend dem gewöhnlichen עבד, mit welchem es hier (עבוד אשתה לה)
parallel steht. Vgl. p. 61 b: אדם דצערה מן עפרה ואתגלה בחכמה „der
Mensch, welchen er geschaffen aus Staub und der mit Weisheit gebildet wurde"; ferner p. 62 b: וגלה תמחים, = hebr. עשה מופתיו, „er
that Wunder"; p. 217a: והגלה לה בו סימן חיול (s. das.) u. ö. — הגלת

gerühmt dieser grosse Prophet Moses, zu dem der Welten-
herr gesprochen hat: „Besteige den Berg Abarim und
gehe hinauf auf den Berg Nebo“, und dem Gott die
ganze Erde zeigte — das war ein grosses Wunder, das nicht [126])
seinesgleichen hat; in Furcht achtete die Erde. als sie den
Himmel [sc. zuhören] sah, auf seine Worte, wie [126]) er
sagte: „Die Erde vernehme [127]) meines Mundes Worte“.
— All dieses Lob wurde dem grossen Propheten Moses
gespendet [128]), dem kein Mensch unter allen Nachkommen
Adams gleicht.

Das Feuer rühmte ihn sieben Mal: „Zuerst wurde das
Feuer für ihn entfacht auf dem Sinai; bei Beginn seiner
Prophetie nämlich wurde es für ihn geschaffen [129]), und aus
ihm heraus ward er doppelt beim Namen gerufen: „Moses,
Moses“ — ein bedeutendes Wunder, dessengleichen nie in
der Welt geschehen ist und nicht geschehen wird; auch
wurde er am Morgen [130]) des Horebtages aus dem Feuer
heraus gerufen, vom Gipfel des Sinai her, in Gegenwart von
sechshundert Tausenden; das Feuer flammte zum Himmel
empor, wie es heisst: „Der Berg brannte in Feuer bis
zum Himmel hinan“; er trat hinein mit seinen Füssen,
ohne verletzt zu werden, und es war unter seinen Füssen, als
ob auf ihm der Himmelsthau lagerte; als der Priester [131]) im
heiligen Tempel das Opfer für Ahron und seine Söhne darbrachte,
da prasselte das Feuer vor dem Ewigen hervor und verzehrte
auf dem Altar alles. was er bereitet hatte; da pries er
niederknieend den Weltenherrn, den Schöpfer aller Wunder.

(kontr. Ethp. = אבלה) ohne י vor ה, wie regelmässig in der 3. P.
Fem. Sg. Prf. Peal. Vgl. אבך (Aphel) T. S V M. 28, 56. —

[130]) Vgl. zu diesem Ausdrucke „Die samar. Legenden Mosis“
nach einer arab. Handschr. des Brit. Mus. übers. von Leitner (in
Heidenheim's Viertelj. IV p. 203), woselbst es heisst: „Die Tage
der Welt haben drei Morgen, den Morgen der Schöpfung, den Tag,
wo sie am Berge Sinai standen, und den Morgen des Tages der
Rache.“

[131]) Vgl. Anm. 146.

יתרבי לעלם אהן נביה רבה דאכל מותרי[a]) אשתה
ואף צלותה טפת אשתה כמה דאמר ויתפלל משה אל
ד' ותשקע האש אשתה אכלת דכביו כמה דאמר ואש
יצאה מאת ד': ותאכל את חמשים ומאתים איש מקריבי
הקטרת׃ ו·∵·

אדכיר לטב עד לעלם דן נביה רבה דכל אהן בגללה
עביד ולית אנש סבע מן דכרנה לעלם׃

עננה אוקרה שבע זבנין שריו דאה שבעתי רגליה מהלך
עננה קמיו כד נגד ישראל ממצרים כמה דאמר ודי הלך
לפניהם' יומם בעמוד ענן הדה רבותה לנביה רבה משה
מי יוכל יימר צ'כעד מן גלגיו עננה אניר קדמיו והגלה
לה כו סימן חיול כי[b]) עננה לית אלופה יניר רק מן
אלופ(י)ה החשיכה על יד אהן[c]) נביה רבה אניר וקבל ו(כ)כן
אמר ויהי הענן החשך ויאיר את הלילה וכד עמה אישה
משה אהן דכרה לגו[d]) ימה דו מניר על רחומיה ומקפל
על דכביה שבה למרה עבוד[e]) סימניה ופליאתה ואמר
מן כותך באלהיה ד'·∵· ו

יתרבי לעלם אהן נביה קדשה דאמר לה מרה
דאלהותה הנה אנכי בא אליך בעבי הענן בעבור ישמע
העם בדברי עמך וגם בך יאמנו לעולם׃·∵· ו

רב הוא צפרה דטור סיני צפר יומה תליתה׃ דגלה
לגוה זועים רמין עד מותר חילין וגבוראן ויסדין ומלאכיה
וקלין וברקין ולפידין ואש להכה עד לכב השמים ועננה
דאנן בדכרה בגלל נביה רבה משה איש האלהים שבן

---

a) p. 217a. b) p. 217b. c) אהן אהן übergeschrieben. d) u. e) ג und ד
über ausgestrichenen Buchstaben.

---

[132]) In וככן ist ein כ zu streichen.

[133]) שבה = שבח.

[134]) Im masor. Text II M. 19, 9 steht בעב und an Stelle des
gleich folgenden יאמנו steht יאמינו.

Gerühmt werde stets jener grosse Prophet, der das vom
Feuer Zurückgelassene verzehrte; auch erlöschte sein Gebet
das Feuer, wie es heisst: „Moses betete zu Gott, da ruhte
das Feuer"; das Feuer verzehrte seine Feinde, wie es heisst:
„Feuer kam hervor vom Ewigen her und verzehrte die zwei-
hundertundfünfzig Mann, welche Räucherwerk dargebracht
hatten."

„Ich will ewig zum Heile gedenken dieses grossen
Propheten Moses, denn alles dies ist seinetwegen erfolgt;
niemand wird überdrüssig, seiner stets zu gedenken."

Die Wolke rühmte ihn sieben Mal. Das erste jener
sieben Mal ist, dass die Wolke vor ihm herzog, als er
Israel aus Aegypten führte, wie er sagte: „Gott ging des
Tages vor ihnen in einer Wolkensäule." — Dieses ist der
Ruhm, der dem grossen Prophet Moses gebührt, wer könnte
Geringes von seiner Herrlichkeit künden? — Die Wolke
leuchtete vor ihm, wodurch ihm ein grosses Wunder zu
Teil wurde; denn die Wolke leuchtet in der Regel nicht,
sondern in der Regel ist sie finster; durch diesen grossen
Propheten Moses aber leuchtete sie und war sie finster zugleich; so [132]) sagte er auch: „Die Wolke war Finsternis
und leuchtete die Nacht hindurch". Als der Mann Moses
jenen Führer im Meere sah, der über den Geliebten erstrahlte,
aber die Feinde verdunkelte, da pries [133]) er den Herrn,
den Schöpfer der Wunder und Zeichen, und sprach: „Wer
ist wie Du unter den Göttern, Ewiger?"

Ewiglich werde jener heilige Prophet verherrlicht, zu
welchem der Herr der Göttlichkeit sprach: „Siehe ich
komme zu dir in dichtem Gewölk [134]), damit das Volk
merke, wenn ich zu dir spreche, und auch dir stets Glauben
schenke".

Gross ist der Morgen des Sinaiberges, der Morgen des
dritten Tages, an welchem überaus gewaltige Erschütterungen
eintraten, wachgerufen wurden die Mächte, die Kräfte, die
Fundamente, die Engel, Donner und Blitze, das Feuer, das
bis zum Himmel emporschlug, und die Wolke, von der wir

על טור סיני‪a‬) וזעק ד' למשה ברכו רבה וסלק‪b‬) משה
ומללה פה אל פה תמן אוקרה עננה כד אתא בה מרה
לידה ואשמע קלה קרי מן לבה דאשתה אנה ד' אלהך
עננה כסתה בזבן דאתמר לה ושכתי‪c‬) כפי עליך עד עברי
גבוראתה סמכו יתה רבוהתה נפשו לה כבודה אתא
לזימונה וד' רבה נחת בעננה ואתקומם‪d‬) עמה וקרא
עסרתי מליה בפמה דאלהותה שלום ד' על משה אישה
דאמטה על דרגה לית יתב עליה בר מנה וכד אקים
נביה רבה משה משכנה כסה עננה כל מה דאמר הך
מה דאמר: ויכס' הענן את אהל מועד וישרא כבוד ד'
מלגו פרכתה וישרא עננה על משכנה ימים סגים ובזבן
יימר קומה ד' שובה‪e‬) ד' כהדה רבותה מן חזה שלום
ד' עליו לא קם כותו ולא יקום לעלם ובזבן דאמר לה
אלהים אסק לידי אל טורה וסלק‪f‬) לידה וכסנה עננה
אשתה יומין פגרה הוה קדיש והתוף קדש וסלק מן
מיתוכית ברנשיתה אל מיתוכית מלאכיה מתחנן לגו
אשתי יומיה ומשתעבד קדם מלכון וחזה משכן כסיהתה:
מתפשט באשתה לגו עננה אזדעק ביומה שביעיה ממציע
עננה ועמה סדרי מלאכיה על יתובון ונעת על טורה ברכו
רבה לא כותה מן כל אלין עקובהתה הות לה תמח רב

a) 218a.   b) ‪ס‬ steht über einem ausgestrichenen Buchstaben.
c) ‪ש‬ über der Zeile. d) ‪ת‬ über der Zeile. e) ‪ו‬ undeutlich. f) p. 218b.

[135] Kabod ist der Engel der Ehre, dem der Mechablah, der
Engel des Verderbens, gegenübersteht; so heisst es p. 40b: ‪משה‬
‪עלל וכבודה קמיו מרבי לה ופרעה עלל ומחבלה קמיו מבגלל אבדנה‬.   Die Samarit. sind in der Angelologie sehr weit gegangen; so personifi-
zieren sie die „Güte", die „Gnade" u. dgl. mehr; z. B. p. 18a heisst
es: ‪טובה והסדה מסמכין לון‬.   Den obersten Rang unter den Engeln
nimmt Kabod ein (Vgl. p. 219a).

[136]) Für ‪דאמר‬, das irrtümlich schon hier geschrieben ist, l. ‪רבה‬.

[137]) Nach Ansicht der Samaritaner giebt es neun Himmel, von
denen acht den Wohnsitz der Engel bilden, während im neunten
Gott allein weilt.

jetzt sprechen, wegen des grossen Propheten Moses, des
Gottesmannes, der auf dem Sinai weilte. Gott rief Moses
in seiner grossen Majestät; dieser stieg hinauf und Er redete
mit ihm von Mund zu Mund. Dort rühmte ihn die Wolke,
indem in ihr der Herr zu ihm kam, und er hörte, wie Er
mitten aus dem Feuer hinausrief: „Ich bin der Ewige,
dein Gott". — Die Wolke bedeckte ihn zur Zeit, da ihm
gesagt wurde: „Ich decke meine Hand über dich, bis ich
vorübergezogen bin"; die Mächte stützten ihn und die Ge-
walten breiteten sich um ihn aus. Kabod [135]) kam ihm
entgegen, und der mächtige Gott stieg in einer Wolke hinab,
stellte sich neben ihn hin und rief die zehn Worte mit
seinem göttlichen Munde. Gottes Friede sei über Moses,
dem Manne, der eine Stufe erklommen hat, zu der kein
Mensch gelangt ist ausser ihm. Als der grosse Prophet Moses
das Stiftszelt errichtet hatte, da bedeckte die Wolke alles,
was darinnen[136]) war, wie es heisst: „Die Wolke bedeckte
das Stiftszelt und die Herrlichkeit Gottes weilte innerhalb
des Vorhangs". Viele Tage ruhte die Wolke über dem
Stiftszelte, und zur Zeit pflegte man auszurufen: „Erhebe
dich, Ewiger! Kehre zurück, Ewiger! Wer hat solche
Grösse geschaut? Der Friede Gottes sei mit ihm. Seinesgleichen gab es nicht und wird es niemals geben. — Zu
der Zeit, als Gott zu ihm gesprochen hatte: „komme zu
mir hinauf auf den Berg", und er zu Ihm kam, bedeckte
ihn die Wolke sechs Tage; sein Körper war heilig und
gewann noch an Heiligkeit. Von dem Wohnsitz der Menschen
stieg er zum Wohnsitz der Engel[137]) empor. Sechs Tage
hindurch flehte er und diente er vor ihrem König; er sah
die geheimnisvolle Stätte, die sich im Feuer inmitten des
Gewölks ausdehnte. Am siebenten Tage wurde er aus dem
Gewölk heraus gerufen; da schaute er die Engelscharen
nach ihrer Ordnung[138]); in grosser Pracht stieg er vom
Berge hinab. Niemanden giebt es gleich ihm, dem alle jene

[135], Vgl. Anm. 85.

4

הך יכל מותה יקרבה וארום דינה דמותה דין קשטה
שפט בה אלה על כל בני אדם לית יפלט מנה אנש
בעלמה ולא נבי ולא כהן ולא מלך ולא שופט ולא בורא
מכל בוראיה כהלון בהדה סרטה אזלין: ۰ |

מה הוה רב שעתה דבה קעם נביה רבה משה על
רישה: דטור נבא וכל מלאכי שומיה תמן מוקרין לה
אסקפה מרה וגלה נור עיניו ועמתה ארבעת‎a) רבעﬨ עלמה
רבה היא חדותה דהות‎b) בלבה [ד]משה שעתה דגלה לה
מן בתר יום נקם לכן לא פחד מן מותה רבה היא חדותה
דשרת בלב משה כד עמה מלאכיה קעמים עלויו ומימינה
ומסמלה ומאחריו ומקבלה וכבודה רבה תפש בימינה
ומגפפה ומהלך קמיו תלא נביה רבה משה עיניו וחזה
הרגריזים וגען וסגד על אפיו וכד קעם מן סגדתה עמה
פמה דמערתה מתפתח קמיו וכד עמה פמה דמערתה
פתיח בכה לאדם ומשבח למן דחיי עולם דילה רבה יתה
שעתה דאַרכן נביה רבה משה בה רישה ועלל לגו מערתה
ופנה בפניו אל הרגריזים ודמך ארצה על עצרה ואפיו
אל לכבונה ואפל עליו אלה שנתה ונפקת נפשה בלא
צעב והוא לא ידע: ۰ |

<hr>

a) p. 219 a.   b) Vor ר steht ein ausgestrichener Buchstabe;
ה über der Zeile.

<hr>

[139]) עלמה bedeutet hier nicht „Welt", sondern „Land". In
gleicher Bedeutung wird עלמה in B. des Oefteren gebraucht, wie
p. 61 b: ועמה ארבעה רבעﬨ עלמה ואתיהב לה מה ביניהון und er (Abraham)
sah die vier Seiten des Landes und es wurde ihm gegeben, was
zwischen ihnen ist". Zur Sache vgl. V M. 34, 1 und T. S. zu
dieser St.

[140]) Die Samaritaner glauben, dass nach dem „Tage der Rache"
Moses zurückkehren wird; dann „leuchtet sein Licht wie das Licht
der Sonne und mehr als dieses". Vgl. die Schilderung der messi-

Auszeichnungen zu Teil geworden wären. — Gross ist das
Wunder! Wie kann der Tod sich ihm nähern? Doch
das Todesgericht ist ein wahres Gericht, in welchem Gott
über alle Menschen richtet; ihm entzieht sich niemand
in der Welt, nicht der Prophet und nicht der Priester,
nicht der König und nicht der Richter, keines von
sämmtlichen Geschöpfen; sie alle müssen auf diesem Pfade
wandeln.

Wie bedeutungsvoll war die Stunde, in welcher der
grosse Prophet Moses auf dem Gipfel des Nebo stand und
alle Himmelsengel ihn dort verherrlichten. Der Herr erhob
ihn, enthüllte seiner Augen Licht und zeigte ihm die vier
Seiten des Landes[139]. Grosse Freude herrschte in Moses'
Herz, als Er ihm von der Zeit nach dem Tage der Vergeltung offenbarte; darum fürchtete er nicht den Tod[140].
Gross war die Freude, welche das Herz Moses' erfüllte, als
er die Engel über sich zu seiner Rechten und Linken, vorne
und hinten schweben sah, als er sah, wie der grosse Kabod
seine Rechte erfasste, ihn umarmte und vor ihm einher-
schritt. Der grosse Prophet Moses erhob seine Augen,
erblickte den Gerisimberg, kniete nieder und fiel auf sein
Antlitz. Als er sich wieder erhoben hatte, sah er den
Schlund der Höhle[141] vor sich geöffnet. Bei diesem Anblick
beweinte er den Menschen, rühmte aber den, welchem das
ewige Leben angehört. Bedeutungsvoll war jener Augenblick,
in welchem der grosse Prophet Moses das Haupt neigte und
in die Höhle stieg. Er wandte sein Antlitz dem Gerisimberg zu und schlief ein, mit der Lende[142] auf dem grünen
Boden ruhend, das Gesicht dem Gegenüber zugewandt.
Gott liess den Schlaf über ihn kommen, und seine Seele
verliess den Körper ohne jeglichen Schmerz, ohne dass er
es merkte.

anischen Erwartungen der Sam. in der Schirah Abischah's bei
Heidenheim, Vierteljahrsschrift V p. 171 seq.

[141] Vgl. Sifré sect. האזינו zu V M. 32, 48.

[142] ארצה = חרצה oder ירצה. Vgl. T. S. II M. 12, 11 ירצוכן.

ומ͏אֵ͏ת תמן משה עבד אלה כמה דאסיד͏a) מרה עליו
עבדי משה: |

וימת שם משה עבד ר' כפ͏'ת נפשה למרה כׄות עבד
לרבה: |

וימת שם משה עבד ר' על מימר ר' רב הוא דן נביה
רב דכל דילה על מימר ר': |

אדכיר לטב עד לעלם נבי רבה משה דאנגלה כתר
מותה קנואן רב־רבאן לא מישתאמה לעלם שמשה דרחותה
הכסית ועלת לגו מערתה וליתה סלקה ולא מתגליה
לעלם פמה דבמערתה אצטנק͏b) ביד אלהותה וליתו
פתיח ולא יתחכם אל יומה דנק͏'ם כמה דאמר: ולא
ידע איש את קבר͏׳תו עד היום הזה:• |

עמוד עננה דהו͏ׄה הל͏ׄך קדמיו הסתלק ולא מתעמי
עד לעלם עלמים:• |

עמוד אשתה͏c) דהוה מני͏ר בליליה ובאיממה לא יתחזׄי
עורי עד לעלם עלמים:• |

מ͏ׄנה רנח͏'ת מן שומיה על אדה מדילה דאלה אקטע
וליתו נח͏'ת בתרה לעלם:• |

קרנה דהו͏ׄה ישרי על צלמה עמה לגו קבורתה ליתו
שרי על צלמה עורן לעלם:• |

נביותה דל͏'לבש יתה והוה מלוא בה אתכסית ולית אנש
לבשה לעלם: |

שמהתו עשרים שם מביארים בן יליד עבד טוב נביא
נאמן צדיק משה אלהים איש האלהים מלך שופט כהׄי

a) p. 219 b.   b) ט über der Zeile.   c) p. 210 a.

¹⁴³) Vgl. IV M. 12, 8. Zum Folg. V M. 34, 5.

¹⁴⁴) אגלה (kontr. Ethp.) bed. hier „entfernt werden“, vgl. dieBed.
des Pael dieses Verbs bei Levy, T. W. s. v. Vgl. auch Anm. 129.

¹⁴⁵) Vgl. Anm. 20.

„Und es starb dort Moses, der Diener Gottes" — wie
Gott von ihm bezeugt, hatte: „Mein Diener Moses" [143]).

„Und es starb dort Moses, der Diener Gottes" — er
fesselte sich an den Herrn wie der Diener an seinen
Gebieter.

„Und es starb dort Moses, der Diener Gottes" — auf
den Befehl Gottes. Gross ist jener Prophet Moses, gross,
denn alles, was ihn betraf, geschah auf Gottes Geheiss.

Ich will stets des grossen Propheten Moses zum Heile
gedenken, nach dessen Tode die grossen Auszeichnungen
entschwunden sind [144]). Niemals ist die Sonne seines
Antlitzes zu erspähen; sie ist bedeckt, ins Grab gestiegen
und kommt nicht wieder hervor. Niemals wird geöffnet der
Höhle Schlund; von göttlicher Hand geschlossen, öffnet er
sich nicht. Unbekannt bleibt er bis zum Tage der Vergeltung, wie es heisst: „Niemand kennt sein Grab bis
zum heutigen Tage".

Die Wolkensäule, die vor ihm einherzog, verschwand
und wird nie und nimmer wieder gesehen werden.

Die Feuersäule, welche in den Nächten und des Tages
leuchtete, wird nie und nimmer wieder gesehen werden.

Das Mannah, das durch seine Vermittlung vom Himmel
hinabfiel, wurde durch Gott selbst zurückgehalten und fällt
nicht mehr hinab nach seinem Tode.

Der Glanz, der von seinem Antlitz ausging, [stieg] mit
ihm ins Grab; er ist nicht fernerhin auf seinem Antlitz
sichtbar.

Der prophetische Geist, den er inne hatte und der
ihn beseelte, verhüllte sich und wird keinem Menschen
jemals zu Teil.

Seine Namen — zwanzig Namen werden genannt —:
Sohn, Jüngling, Diener, Guter, Prophet, Treuer. Gerechter.
Moses, Gott [145]), Gottesmann, König, Richter, Priester [146]),

---

[146]) Zu der Bezeichnung Moses' als כהן „Priester" vergleiche
man, was von ihm B. 76b gesagt wird: רו כהן הים נשכן נשיאתה
מש משה מאה ועשרים רב „denn er war ein vollkommener Priester; in der

מלמד מעתיר מציל מושיע נשיא יקיר כוכב:| חלקת
מוקק ספון שלום ד' עליו[a]) ממן עד לעלם:·|

תרין אחין אנון מתקדשין משה ואהרן זה נביא וזה
כהן זה דרס לגו אשתה: וזה אבל מותרי אישתה זה מת
בטור טורה וזה מת בטור נבא:·|

ועורי עמו באהן תריה קדישיה משה ואהרן:|

נביה רבה משה סימניה דאתעבד על אדיו מן שומיה
הות ברדה גוכה חשכה:·|

כהנה רבה אהרן: סימניה דאתעבד על אדיו הות
מלרע אדמה ערדניה כלמיה:·|

נביה רבה משה כד אנתח ידה על מימי ימה אתפל'ג
ואנלת ואסיפת אכלסים הך דאמר תשלח: תקופך יוסיפון
כקשה:·|

כהנה רבה אהרן תלא אדיו על שת מואן אלף[b]) וברך
יתון ונפׁקת אש מקדם ד' ואכלת על מדבחה ית עלתה
וית תרביה:·|

אהרן מל'ל [ל]וכל כנשת ברי ישראל כמדברה ואתחזי
איקר ד' בעננה:·|

נביה רבה משה כד נפׁק ומלל לעמה ית כל מלי[c])
ד' נחת ד' בעננה ומללה יתרבון אלין לעלם דלא קעם
מן אדם דמותן איך תמותה דאהרן דמיה לתמות[ה] דמשה:

a) p. 220b.   b) p. 221a.   c) ל über der Zeile.

Stätte des Verborgenen diente er 120 Tage", womit sein dreimaliger
Aufenthalt von je 40 Tagen auf dem Sinai gemeint ist.

[147]) Für ו in מוקק muss ח gelesen werden, wie der masor. Text
V M. 33, 21 lehrt.

[148]) ממן eigtl. „von uns".

[149]) ואגלת == וחגלת von חגל „heraneilen".

[150]) Obwohl auch Moses an dieser Handlung Teil nahm (vgl.
III M. 9, 22; 24), wird hier wohl deshalb von Ahron speciell ge-
gesprochen, weil er dem Volke zwei Mal einen Segen erteilte, s. V. 22.

Lehrer, Spender, Retter, Helfer, Fürst, Ehrenvoller, Stern.
„Der für den Gesetzgeber[147]) bestimmte Anteil ist auf-
gehoben". Gottes Friede, wünschen wir[148]), sei ihm für
alle Zeiten.

Jene beiden Brüder waren geheiligt, Moses und Ahron;
dieser als Prophet und dieser als Priester; dieser trat ins
Feuer hinein und dieser ass das vom Feuer Zurückgelassene;
dieser starb auf dem Berge Hor und dieser auf dem Berge
Nebo.

Betrachtet ferner jene beiden Heiligen, Moses und
Ahron.

Die Wunder, welche durch den grossen Propheten
Moses vom Himmel aus erfolgten, waren: „Hagel, Heu-
schrecken, Finsternis".

Die Wunder, welche durch den grossen Priester Ahron
erfolgten, geschahen von unten her: „Blut, Frösche, Un-
geziefer".

Als der grosse Prophet Moses seine Hand über die
Gewässer des Meeres ausstreckte, da teilte es sich, eilte
heran[149]) und verschlang die Haufen, wie es heisst: „Du
sandtest Deinen Grimm; er vernichtete sie wie Stoppel".

Als der grosse Priester Ahron seine Hände über die
sechshundert Tausenden ausbreitete und ihnen den Segen[150])
erteilte, da schlug das Feuer vor Gott empor und verzehrte
die auf dem Altar befindlichen Opfer und Fettstücke.

Ahron redete[151]) vor dem versammelten Volke Israel
in der Wüste, als plötzlich Gottes Majestät im Gewölk
erschien.

Als der grosse Prophet Moses hinaustrat und dem
Volke alle Worte Gottes mitteilte, da stieg Gott im Gewölk
hinab und redete mit ihm[152]). — Ewig mögen jene verherrlicht werden, denn niemand erstand unter den Menschen,
der ihnen gleicht. Wie ähnlich ist doch Ahrons Tod dem

---

[151]) II M. 16, 10. — Vor ‏כי‎ ist ein ‏ל‎ zu ergänzen, wie es
die sonstige Konstruktion des Verb. ‏כלה‎ verlangt.

[152]) IV M. 10, 24, 25.

אהרן קביר ביד אנשין משה קבי־ ביד אלהותה: ואנן
תלתה טבים אתוקרו במותון יעקב ואהרן ונביה רבה
משה:∻ |

יעקב : קביר ביד יוסף מלכה כמה דאמר וסלק יוסף
לקבר ית אבוה:∻ |

אהרן כהנה קבי־ ביד אלעזר בנו וכיד a) נביה רבה
משה תליתון סלקו אל b) טור טורה נעת משה ואלעזר מן
ט(ר)ורה חזו כל כנשתה הלא מית אהרן:∻ |

נביה רבה משה סלק לטור נבא לחזות שת מואן
אלף: וכל מלאכיה עתידין לזמונה וכד אמטה אל ריש
טורה נחת עננה ושגבה c) מן מצפית כל קהל ישראל
וקביר תמן ביד אלהה כמה דאמר וקביר יתה בגיה ולא
חכם גבר d) ית קריבה עד יומה הדן ומהו יומה הדן יום
נקם:∻ |

רב הוא אילנ(י)ה דאתנצב לגו פרדיס עמרם ומן פיריו
כל דרי עלמה מזדאנין עד לעלם:∻ |

רב הוא אילנה דאנצב לגו ארע מצרים ואקלע לגו
מדברה ואקצץ בטור נבא:∻ |

ומשה בן e) מאה ועשרים שנה במותו עשרים במצרים
וששים לגו מדין וארבעים לגו מדברה בסקפן רב וחיול

---

a) ו über der Zeile.   b) p. 221 b.   c) ג über einem ausgestrichenen Buchstaben.   d) Zwischen ב und ר steht ein ausgestrichener Buchstabe.   e) p. 222 a; das Wort steht über der Zeile.

---

[153]) Joseph wird von den Samar. gern als Selbstherrscher dar-
gestellt; so schreibt auch Marqah B. 3 b   וארכנת כל אמיה קדמיו
„es unterwarfen sich vor ihm (Joseph) alle Nationen".

[154]) Das erste ר in טרורה ist irrtümlich geschrieben und zu
streichen. Im Texte ist irrtümlich statt des ersten ר das zweite mit
einem überstehenden Punkte zum Zeichen der unrichtigen Schreibung
versehen.

des Moses! Ahron wurde allerdings durch Menschenhand
begraben, Moses hingegen durch die Göttlichkeit. Folgende
drei Herrlichen wurden in ihrem Tode geehrt: Jakob, Ahron
und der grosse Prophet Moses.

Jakob wurde durch den König[153]) Joseph begraben,
wie es heisst: „Joseph ging hinauf, um seinen Vater zu
begraben".

Der Priester Ahron wurde von seinem Sohne Eleasar
und dem grossen Propheten Moses begraben. Sie gingen
alle drei auf den Berg Hor hinauf, herabkamen vom
Berge[154]) nur Moses und Eleasar. Da merkte das ganze
Volk, dass Ahron gestorben sei.

Der grosse Prophet Moses bestieg den Berg Nebo vor
den Augen von sechshundert Tausenden, und alle Engel
standen ihm gegenüber bereit. Als er nun am Gipfel des
Berges angelangt war, da kam eine Wolke hinab und ihn
bedeckend entzog sie ihn den Blicken des ganzen Volkes
Israel. Dort wurde er von Gott begraben, wie es heisst[155]):
„Er begrub ihn in der Niederung, und niemand kennt bis
zu diesem Tage sein Grab"[156]). Was bedeutet aber „dieser
Tag"? „Tag der Vergeltung."

Herrlich ist der Baum[157]), der in Amrams Garten
gepflanzt war; von seinen Früchten nähren sich ewiglich
alle Geschlechter.

Herrlich ist der Baum, der im Lande Aegypten gepflanzt, nach der Wüste versetzt und auf dem Berge Nebo
gefällt wurde.

Moses hat hundertundzwanzig Jahre gelebt, zwanzig
in Aegypten, sechzig in Midjan und vierzig in der Wüste;
in herrlicher, überaus grosser Erhabenheit, mit Prophezeiung

---

[155]) Vgl. V M. 34, 6.

[156]) Statt קרבה l. קברה.

[157]) In אילה ist, wie die singularische Konstruktion sowie auch
das gleich folgende אילה ergeben, das zweite י zu streichen.

עד מותי בנביו ובצלוⁿ) לא כמעת עיניו ולא עדק יטובה
לא כמעת עיניו כות אבהתה זכאי העולם לא כמעת
עיניו דו הוה עתיד כתב א־הותה וצפה ארבעת רבעת
עלמה ולא עדק רטובה דו הוה לבוש צלמה אשר אשלעה
אדם בגן עדן והוה מניר על צלמה עד יום מותה ולא
אטלטל דו הוה פרוט ספר מלי א־הותה ומלף מקרתה
לכל ישראל: ‖

ובכותה ב־י ישראל תלתים יום ולית בכותה בטלה
מן עלמה עד לעלם: ‖

ויהושע ב־ה דאנן תלמיד נביה רבה משה רמת
דרגתה ביני קהל ישראל: ‖

ויהושע בן נון מלא רוח חכמה כי סמך משהᵇ) את
ידו עליו בכן אסתקף ורם רבינה עד לעלם: ∴ ‖

משה ברה דעמרם לית אנש ישבע מן דכרנה עד
לעלם: ∴ ‖

משה ברה דעמרם ביד אלה אתוקר בחייו ובמותה: ∴ ‖
כתב ארהותה על פי ד׳ ואלפה לכל ישראל על פי
ד׳ הך דאמר שימה כפיהם וכתב על עקב הדה ארהותה
דקבל יתה ולא קם עוד נביא בישראל כמשה מן עבד
סימנים כמה דעבד משה לעיני כל ישראל: ∴ ‖

תורה צוה לנו משה שם אלה על רישה ושם משה
בעקבה: ∴:

a) צ undeutlich.   b) p. 222 b.

---

[158] Aehnlich heisst es in dem von Ceriani entdeckten Mose-
buch nach der Uebersetzung von Volkmar (Moses Prophetie und
Himmelfahrt, Leipzig 1867 p. 50): „Er (Moses) hatte zu jeder
Stunde des Tages und der Nacht seine Knie gebeugt zur Erde,
betend und anschauend zu dem Allmächtigen".

[159] V M. 34, 7.

[160] D. i. eine Nagelhaut; vgl. Targum Jonathan zu I M. 3, 7;
Sohar zu II M. sect. 208.

und Beten[158]) hat er sie vollbracht. „Nicht[159]) wurden seine
Augen trübe und entschwand seine Frische". Seine Augen
wurden nicht trübe — wie bei den Stammvätern, den Frommen
der Welt; seine Augen wurden nicht trübe — denn er war
fähig, die Lehre niederzuschreiben, und er schaute die vier
Teile der Welt. Nicht entschwand seine Frische — denn
er hatte das Gewand erhalten, welches dem Adam im Garten
Eden genommen wurde[160]); sein Antlitz leuchtete bis zu
seinem Todestage, nicht hörte es auf, denn er erklärte
das Buch der Gotteslehre und unterwies in der Schrift
ganz Israel.

Das Weinen der Kinder Israel dauerte dreissig Tage[161]);
doch nie hört es ganz auf.

Josuas, des Nun Sohnes, des grossen Propheten Moses
Schülers Rang war erhaben unter dem Volke Israel.

Josua, des Nun Sohn, war voll vom Geiste der Weisheit;
denn Moses hatte seine Hand auf ihn gelegt. Damals ward
er erhoben; erhaben ist sein Ruhm ewiglich.

Moses', des Amram Sohnes, Ruhm zu erwähnen, wird
niemals jemand überdrüssig.

Moses, des Amram Sohn, wurde durch Gott bei seinem
Leben sowohl wie bei seinem Tode geehrt.

Er schrieb die Lehre nieder auf Gottes Geheiss und
unterwies in ihr auf Gottes Geheiss ganz Israel, wie
es heisst: „Lege sie in ihren Mund[162])". Am Ende dieser
Lehre, die er empfangen hatte, schrieb er: „Nicht erhob
sich ferner ein Prophet in Israel gleich Moses". Wer voll-
bringt Wunder, wie Moses sie vollbracht hat vor den Augen
ganz Israels? —

„Die Lehre gebot uns Moses" — der Name Gottes
steht am Anfang[163]) und Moses' Name am Ende.

---

161) Vgl. V M. 34, 8. — Zum Folg. V. 9 das.
162) V M. 31, 19; 34, 10—12.
163) Vgl. I M. 1, 1 u. V M. 34, 12.

אדכירים : לטב עד לעלם זכאי עלמה ארשי זכותה
אברהם ויצחק ויעקב דמוכי מערת המכפלה:·. |

אדכירא) לטב עד לעלם יוסף הצדיק כר פרת דמוך
כחלקת השדה:·. |

אדכיר לטב עד לעלם הדמוך כטור נבא הצדיק
הנאמן משה בן עמרם איש האלהים ומהימן אלהותה
לבוש קרן אורה ומקבל ת־י לוחיה ומימן כסיהתה
וגליהתה משה נביה:·. |

אדכירים לטב עד לעלם שמשי משבן קדישה אהרן
ואלעזר ואיתמר ופינחם: |

אדירים לטב עד לעלם יהושע וכלב והשבטים
הזקינים: |

ב־וך אלהינו לעולם:
ובריך שמו לעולם: |

a) p. 223 a.

Ich will stets zum Heile ihrer gedenken, der Frommen
der Welt, der Häupter der Gerechtigkeit, des Abraham,
Isaak und Jakob, die in der Machpelahöhle ruhen. Ich
will stets zum Heile des gerechten Joseph gedenken, des
Sprösslings des Fruchtbaumes, der auf jenem „Stück Feld"
ruht[164]).

Ich will stets dessen zum Heile gedenken, der auf
dem Berge Nebo ruht, des Gerechten, des Treuen, des
Moses, des Amram Sohnes, des Gottesmannes und des
Vertrauten der Göttlichkeit, seiner, dessen Haut im Glanze
erstrahlte, der die beiden Tafeln empfing, dem Geheimes
und Offenbares anvertraut waren, des Propheten Moses.

Ich will stets ihrer zum Heile gedenken, der Diener
in der heiligen Stätte, des Ahron, des Eleasar, des
Ithamar und des Pinchas.

Ich will stets ihrer zum Heile gedenken[165]), des Josua,
des Kaleb und der siebenzig Aeltesten. —

Gepriesen sei Gott ewiglich!
Gepriesen sei sein Name für alle Zeiten!

---

[164]) Zu חלקת השרה s. I M. 33, 19; Josua 24, 32. Mit diesem
Namen bezeichnen die heutigen Samaritaner das südwestlich von
Nablus gelegene „Hüzn Jakob", woselbst auch noch der I M. 33, 9
erwähnte Jakobsbrunnen gezeigt wird (Vgl. Petermann, Reisen
im Orient, I p. 273).

[165] Zwischen ר und י ist ein כ zu ergänzen.

Verzeichnis
der besprochenen samaritanischen Wörter.

Druckfehler.

S. 9 Zeile 4   ergänze hinter „Ahron": [14])
S. 13 „ 16   „   „   „ich": [36])
S. 16 Anm. 45 Zeile 3 statt „16": 18.
S. 32 Zeile 1   statt „שבואתה": שבועתה.

Thesen.

I.

Die Ansicht, die Samaritaner hätten nicht zehn, sondern elf Plagen gezählt, welche die Aegypter vor dem Auszuge des israelitischen Volkes erlitten hätten, beruht auf einer Verwechselung von מכה. סכתיש (Plage) und אות מופת, (Wunder).

II.

Das Verbum נלה hat im Samaritanischen ausser den Bedeutungen, welche es in den verwandten Dialekten hat, auch den Sinn von „machen", entsprechend dem häufig gebrauchten Verbum עבד.

Curriculum vitae.

Natus sum Esriel Munk Altonae a. d. VI. Cal. Dec. anni huius saeculi LXVII patre Elias matre Jenni. Fidei addictus sum Judaicae. Eadem in urbe studiis in schola illa, quae Talmud Tora vocatur, perfectis gymnasium adii. ubi per sex annos et sex menses litterarum studiis me dedi. Deinde testimonio maturitatis anno LXXXVI accepto civibus almae litterarum universitatis Berolinensis sum adscriptus et per tres annos scholas frequentavi, quas habuerunt viri illustrissimi Barth, Dilthey, Ebbinghaus, Geiger, Paulsen, Sachau, Zeller. Praeter haec studia per idem tempus in academia, quae Rabbinerseminar vocatur, scholis theologicis et ad linguam hebraicam pertinentibus interfui, ubi disserentes audivi praeter eundem Barth supra nominatum viros doctissimos Berliner, S. Cohn, Hildesheimer patrem et filium, Hoffmann. Quibus viris omnibus, qui optime de me meruerunt, maximeque Prof. Barth, cuius in schola linguas orientales cognovi, summas ago gratias.

www.ingramcontent.com/pod-product-compliance
Lightning Source LLC
Chambersburg PA
CBHW022020080426

42733CB00007B/661